KB179706

1인 미디어 방송산업분석보고서

2022 개정판

저자 비피기술거래 비피제이기술거래

(주) 비티타임즈

<제목 차례>

I. 서론

1. 서론

최근 미국의 한 경제지는 게임 관련 방송 진행자인 영국의 다니엘 미들턴이 유튜브로 지난해 180억 원을 벌며 1위에 올랐다고 발표했다. 국내에서도 '대도서관'과 같은 인기 BJ(인터넷방송 진행자)의 경우 수억 원의 수입을 올리고 있는 것으로 알려져 있다. 파워블로거로 시작된 1인 미디어 열풍은 이제 인스타그램과 유튜브로 확대되고 있다.

'1인 미디어'는 말 그대로 개인이 대중화된 스마트 기기에 기반해 자신만의 트렌드를 추구할 수 있는 서비스를 제공하는 것을 뜻한다. 이전에는 단순히 글자에 기반한 콘텐츠가 주였다면 최근에는 동영상 콘텐츠가 폭발적인 성장을 하고 있다. 기술의 발달로 동영상 콘텐츠 제작이 수월해졌기 때문이다.

과거에는 개인의 동영상 생중계를 다수의 대중에게 하려면 고가의 카메라가 필요했으며 여기에 이를 전송할 네트워크 기술과 영상을 볼 수 있는 기기 등이 추가로 필요하다. 이렇게 많은 기술과 비용의 한계로 한정된 사람들만 콘텐츠를 만들었지만, 이제는 스마트폰과 4G 네트워킹 기술의 발달로 누구나 개인방송을 하는 시대가 왔다. 한 단계 높은 수준의 방송을 위해서는 200만 원대의 노트북과 DSLR 카메라 등만 추가하면 된다. 과거와 달리 소요비용은 훨씬 적다.

 1인 미디어의 등장은 곧 커뮤니케이션의 네트워크 구조의 변화를 이끌어 온 혁명의 시대를 맞이하는 계기가 되었으며, 이는 복합적인 인터넷 환경과 더불어 하드웨어와 소프트웨어의 총체적인 집합이 만들어 놓은 하나의 사회적 문화로 정착하게 된 것이다.

이처럼 IT기술의 발달은 1인 미디어의 발전을 낳았으며, 필연적인 결과로 '스타'를 만들었다. 앞으로 더욱 다양한 산업과 융합해 성장할 것이며 시장가치는 큰 폭으로 상승할 것이다. 본 보고서를 통해 1인 미디어의 현재와 미래에 대해 더욱 자세히 알아볼 것이다.

II. 1인 미디어란?

2. 1인 미디어란?

가. 정의

1인 미디어란 1인 크리에이터가 다양한 주제의 콘텐츠를 생산하고 이것을 온라인 플랫폼을 통해 다수의 이용자와 공유하는 것을 일컫는다. 개인이 다양한 콘텐츠를 직접 생산하고 공유할 수 있는 커뮤니케이션 플랫폼이라고 할 수 있다. 1인 미디어는 TV와 같이 단방향 방송과 달리 인터넷의 보급화로 인해 양방향 소통이 가능하며 실시간 상호작용을 할 수 있어 정보의 공유와 확산속도가 매우 빠른 것이 특징이다.

최근에 많은 브랜드들이 바이럴(Viral video)플랫폼을 사용하여 브랜드 인지도와 브랜드 단결성을 높이는 데 사용하고 있다. 세계적인 유튜브 스타인 '퓨디파이(본명 펠릭스 셀버그)', 스웨덴 출신의 유튜브 유명 게임 리뷰 채널 유명자다. 1년에 1천 200만 달러(130 여억 원)정도의 연봉을 받고 있다. 많은 게임회사들은 퓨디파이의 영향력을 알고 있기 때문에 새로운 게임을 론칭하고 퓨디파이에게 협찬하다.

페이스북은 1인 방송을 마케팅 전략 수단으로 사용하고, 유튜브는 1인 미디어 채널을 제공했다. 그렇게 함으로써 1인 방송인들에게 새로운 동영상을 제공하여 보다 다양한 연령층의 시청자를 흡수하였다.

이러한 폭발적인 성장 때문에 1인 미디어는 국내뿐만 아니라 세계적으로도 확산되고 있으며, 콘텐츠 생태계 변화뿐만 아니라 변화에 따른 새로운 비즈니스 모델 창출로 이어지므로 콘텐츠산업의 한 분야로 각광받고 있다.

나. 등장배경

인터넷의 등장은 어떠한 주제라도 개인이 중심이 되어 자신의 관점에 따라 자유롭게 이야기를 전달하고, 전문가가 아니라도 시나 소설, 그림을 온라인상으로 제공할 수 있는 '1인 미디어' 시대를 열게 하였다. 또한 개인의 개성이 중요시되는 사회 현상도 1인 미디어 시대가 흥행하는데 한몫했다고 볼 수 있다.

인터넷 환경에서 '공유, 참여, 개방'으로 축약되는 웹 2.0 개념이 확산되면서 누구나 특별한 진입장벽 없이 정보를 생산·가공하고 의견을 자유롭게 표출할 수 있게 된 것이다. 인터넷의 대중화 이후 온라인 커뮤니케이션의 장으로 성장한 1인 미디어는 블로그, 미니홈피, 트위터 등의 사용자를 급속도로 증가시켰으며, 이러한 커뮤니티의 변화로 인해 고전적 커뮤니티 구조인 송신자와 수신자의 구조에서 수평적 구조의 커뮤니티 현상을 가속화했다.

방송용 동영상의 제작, 편집, 공유 기술의 발달과 확산도 1인 미디어를 활성화시키는 기본 배경이라 할 수 있다. 우선 개인방송을 위한 기본 방송 장비라 할 수 있는 PC용 카메라의 가격이 크게 하락했으며, 대부분의 노트북에 카메라가 기본 사양으로 탑재되기 시작한 것이 웹 중심 개인방송을 가능하게 하는 원동력으로 작용했다. 따라서 텍스트 중심의 1인 미디어에서 벗어나 동영상 등 멀티미디어 형태로 제공될 수 있어 바쁜 현대인들에게 편리하게 소비될 수 있게 되었다.

촬영한 동영상을 쉽게 편집하고 자막이나 배경음악을 삽입할 수 있도록 하는 무료 편집 프로그램도 다수 등장하였으며, 최근에는 스마트폰에서도 동영상 편집이 가능한 모바일 앱이 제공되면서 전문가가 아니더라도 자신이 촬영한 영상을 개인방송에 맞게 제작할 수 있는 환경이 갖추어졌다. 또한, 스마트폰과 태블릿 PC 등 디지털 기기의 보급으로 제작된 방송을 기존의 전파 인프라를 거치지 않아도 다양한 경로를 통해 미디어에 접근할 수 있게 되었다.

미국 조사기관인 퓨리서치가 45,435명(40개국 성인)을 대상으로 실시한 <2015년 스마트폰·인터넷 이용실태조사>에 따르면 한국 성인 스마트폰 보유율은 88%에 달했다. 이는 글로벌 평균 43%보다 2배 이상 높은 수치다. 또한, 미래창조과학부와 한국인터넷진흥원은 <인터넷이용실태조사>에서 2006년 74.1%였던 인터넷 이용률 수치가 2016년 88.3%로 약 15%가량 증가했다고 발표했다.

게다가 구글의 유튜브나 국내의 아프리카 TV 등 'UGC(User- generated Contents)' 서비스는 개인의 신변잡기식 동영상을 공유하는 단계에서 벗어나 전 세계인을 대상으로 하는 '1인 미디어'의 유통채널로 주목받고 있다. 인터넷을 통해 손쉽게 동영상을

업로드하고 타인과 공유할 수 있도록 하는 서비스가 활성화 된 것이 1인 미디어 시대를 개화시킨 것이다.

이로 인해 UGC 서비스를 통해 자신이 직접 제작한 동영상을 적극적으로 유통하는 이용자들을 지칭하는 'YouTuber'나 '1인 미디어 크리에이터(creator)'와 같은 신조어까지 등장하였다.

특히 주요 동영상 서비스들은 1인 미디어 크리에이터가 실제로 수익을 창출할 수 있도록 광고 매출을 공유함으로써 보다 많은 사람이 참여하여 다양한 장르의 1인 미디어가 등장할 수 있는 발판을 제공했다.

2007년부터 유튜브는 파트너 프로그램을 통해 1인 제작자들에게 광고수익의 일부를 되돌려주기 시작했는데, 이용자가 생산자도 되는 무료 콘텐츠 제작 방식은 개방·참여 등의 장점이 있으나 수익이 없이 개인적 동기만으로 콘텐츠 제작을 지속하기에는 한계가 있다고 본 것이다. 유튜브가 1인 제작자에게 수익 배분을 시작하자 고퀄리티 콘텐츠가 증가했고 인기 채널과 광고주를 연결시키는 에이전시가 등장하고 이것이 MCN(Multi Channel Network)으로 발전됐다.

MCN은 소셜 미디어의 확산과 영향력 증가에 따라 개인 창작자들이 전문화되고 기업화되는 과정에서 생겨났다. MCN은 다수의 1인 제작자를 전문적으로 인큐베이팅 및 교육하고 채널 네트워크를 구축하며, 양질의 콘텐츠 제작을 지원하고 제작자와 유뷰브, 광고주를 연결하는 중개자 역할까지 하고 있다. 이로써 영상콘텐츠, 제작·유통·수익화의 새로운 모델로 급부상하면서 메이저 미디어 업체들이 적극적으로 투자하기 시작했다.

다. 1인 미디어 장단점

1인 미디어가 활기를 띠는 와중에 전문가들 사이에서 평가가 엇갈리고 있다. 한쪽에선 1인 미디어 산업의 밝은 면에 주목하는가 하면, 그에 반해 한계점을 지적하며 부정적인 면의 개선이 필요하다는 주장도 제기되고 있다.

1) 장점

긍정적인 측면을 먼저 살펴보면, 우선 제작비용이 저렴하고 제작하기가 쉽다는 점을 꼽을 수가 있다. 앞서 살펴봤듯이, 스마트폰만 있으면 영상 촬영부터 편집까지 가능하며, 특별히 고도의 전문 기술이 필요한 것도 아니다. 물론 MCN에서 지원해주는 경우에는 고도의 촬영 장비를 사용하기도 하지만, 그렇지 않은 경우가 훨씬 더 많다. 그래서 상대적으로 방송을 제작하는 데에 드는 부담이 기존의 매스미디어에 비해서 훨씬 적고, 누구든지 1인 미디어에 도전할 수 있다.

또한, 매스미디어는 시청률에 따라 광고료가 책정되기 때문에 방송 콘텐츠가 다수의 시청자들의 입맛에 맞춰지는 경향이 있다. 그래서 방송의 종류가 다양해지지 못하고 특정 장르에 한정된다는 단점이 있다. 그러나 1인 미디어는 방송의 계기가 개인 만족, 자기 홍보, 대안 언론 추구, 사업 연계 등으로 다양하여 방송 콘텐츠의 종류가 매스미디어와는 달리 무궁무진하다. 때문에 다양하고 실험적인 콘텐츠를 생산해 소비자들의 선택의 폭을 넓혀주고 있다.

이처럼 개인의 개성을 살린 방송은 팬층을 확보하며 공통된 관심사를 바탕으로 하나의 집단이 형성된 것과 마찬가지가 된다. 이는 1인 크리에이터의 시장규모를 커지게 하고 새로운 사업 분야를 만들어내고 있다. 마케팅업계에서는 이를 활용해 특정 영역에 충성도가 높은 고객들을 확보할 수 있고, 이들을 대상으로 한 효과적인 마케팅을 진행할 수 있다. 또한, 모바일의 특성상 시청률을 바로바로 체크할 수 있어서 저비용으로 고효율의 광고가 가능하다. 그래서 크리에이터들이 광고주와 협업하기에 매우 용이하다.

2) 단점

이에 반해 1인 미디어에는 어두운 면도 존재한다. 우선, 크리에이터에 대한 MCN의 갑질이 큰 문제이다. 스타를 만들어주겠다는 일부 악덕 MCN의 속삭임에 넘어가, 수익의 대부분을 MCN에 뺏기기도 하고, 특정 내용 혹은 방향으로 방송하기를 요구당하기도 한다. 콘텐츠를 기획하거나 제작하는 뚜렷한 통로가 없다 보니 이와 같은 사례가 발생하는 것이다. 피해 사례에 대한 조사가 속히 진행되어 같은 피해가 반복되지 않도록 법적 조치를 취해야 하며, 콘텐츠 기획 및 제작을 위한 안전한 시스템과 플랫폼이 개발될 필요가 있다.

또한, 검열이나 편집 없이 바로 시청자들과 소통한다는 특성 때문에, 사전 검증 수단이 부족하다는 점도 지적되고 있다. 일부 크리에이터들은 구독자 수를 늘리기 위해 지나치게 선정적이고 자극적인 내용으로 방송하여 시청자들의 눈살을 찌푸리게 만든다. 아프리카 TV에서는 이와 같은 문제에 대응해 모니터링을 하고 있지만, 모든 방송들을 일일이 다 검열하기란 쉽지 않다. 그리고 일부 성인 시청자들이 초등학생 크리에이터들을 대상으로 성희롱 발언을 하거나 욕설을 내뱉는 등의 문제도 발생하고 있다. 아프리카TV는 작년 말부터 만 14세 미만 아동의 경우 아예 인터넷 방송을 할 수 없게 했지만, 많은 초등학생들이 부모의 휴대전화 번호로 몰래 인증해 방송하고 있다. 1인 미디어를 위한 새로운 규범 체계를 마련할 필요가 있어 보인다.

물론 매스미디어에 비해서 다양한 콘텐츠를 확보하고 있긴 하지만, 주 시청 층이 10~20대이다 보니 겜방(게임방송), 먹방(먹는방송), 쿡방(요리방송), 뷰티 쪽으로 치우친 경향이 있다. 1인 미디어의 장점이 여러 종류의 콘텐츠를 즐길 수 있다는 데에 있는데, 이 점이 사라진다면 매스미디어와의 차별성이 줄어들게 된다. 이를 방지하기 위해, 크리에이터들이 좋은 콘텐츠를 개발하면 MCN에서 인센티브를 제공하는 방법 등을 사용해 콘텐츠의 다양성을 확보해나갈 필요가 있다.

저작권 문제도 대표적인 문제점 중 하나이다. 인터넷이 대중문화의 일부분으로 자리매김함에 따라 저작물 보호 위반 행위가 증가하고 있다. 무심코 올린 사진이나 음악, 영화, 만화 등이 저작권 위반에 해당되는 경우가 많다. 이는 급속도로 발전한 디지털 콘텐츠와 저작자들은 원저작물의 권리 보장만을 일방적으로 주장하고 있는 반면, 실질적으로 이를 이용하는 이용자들에게는 저작물 보호의 중요성과 저작권의 인식과 경각심을 고취시켜 주는 행위가 상대적으로 부족한 현실을 잘 보여준다.

2009년 개정된 저작권법 중에서 가장 눈에 띄는 부분은 상습적으로 저작권 침해 행위를 저질러 3회 이상 경고를 받은 이용자와 게시판에 대해서 심의를 통해 문화체육관광부 장관이 최대 6개월간 계정을 정지시키거나 게시판 운영 자체를 정지시킬 수

있도록 하는 이른바 '삼진아웃제'다. 삼진아웃을 당한 이용자는 사용 계정 블록은 물론 5년 이하의 징역 또는 5000만 원 이하의 벌금형에 처해질 수 있다. 뿐만 아니라 해당 온라인 서비스 제공자에겐 이에 대한 조치를 법으로 강제하고 있다.

음악, 영화, 뉴스 등 기존에 알려진 것들은 물론 이를 활용한 UCC와 같은 2차 저작물 역시 모두 저작권 침해 사례에 해당하기 때문에 인터넷상에서 마음에 드는 이미지를 발견해서 이를 자신의 블로그에 올려도 똑같은 처벌을 받을 수 있다.

그러나 '법원'이 아닌 '행정부'의 명령만으로 인터넷 접속권을 제한하는 우리나라는 국제정보인권 단체로부터 '인터넷 검열 국가'로 지목받았다. 이 때문에 삼진아웃제 등 법 취지를 살리기 어려운 제도는 폐지하는 게 바람직하다는 비판 의견도 제기되고 있지만, 1인 미디어가 대안 미디어로 자리를 잡기 위해서는 저작권 침해뿐 아니라 확인되지 않은 정보 유통, 정보 편식과 파편화한 공론장 형성에 각별한 주의를 기울여야 할 것이다.[1]

특히 확인되지 않은 정보 유통, 즉 허위사실 유포로 인한 피해 사례 증가는 1인 미디어의 발전 가능성의 발목을 잡는 격이다. 특히 1인 미디어 운영자들이 지나친 속보 경쟁을 벌이거나 고수익 영리 목적을 위해 확인되지 않은 정보를 무차별 유포시킨다면 1인 미디어가 건강하게 뿌리를 내리기 어려울 것이다.

마지막으로 크리에이터의 수익 모델이 뚜렷하지 않다는 점이 있다. 처음에 좋은 아이디어를 가지고 방송을 시작하더라도 수익을 낼 수 없다면 방송을 지속할 수 없게 된다. 이는 1인 미디어의 발달을 저해하는 요인이 되는 것이기 때문에 크리에이터들의 수익 창출에 관심을 가질 필요가 있다. 국내의 대표 MCN 트레저 헌터의 경우에는 크리마켓(Cremarket)을 운영해 1인 미디어들이 직접 기획하고 제작한 상품을 판매하고 있다. 또한, 아프리카 TV는 광고 외 방송 이용권 판매, 스티커 꾸미기, 별풍선 선물 시 70% 현금화 등의 여러 가지 방법으로 수익을 창출하고자 하고 있다.

---

1) 인터넷저널리즘에서의제의문제, 2014. 4. 15., 커뮤니케이션북스)

라. 1인 미디어 수익구조

유튜브 크리에이터, 아프리카 TV, 파워블로거, 팟캐스트 진행자 등으로 대표되는 1인 미디어는 일반인들이 직접 콘텐츠를 기획, 제작, 유통하면서 전에 없이 사람이 몰리는 미디어로 자리 잡았다. 이에 따라 1인 미디어는 먹방, 쿡방, 게임, 뷰티, 유아용품 등에 이르기까지 다양하고 세분화된 콘텐츠를 구성하면서 여러 가지 방식으로 수익을 올리는 중이다.

1인 미디어의 제작자 즉, 1인 크리에이터의 수익모델은 광고수익의 배분, 시청자 또는 이용자의 기부 및 후원 형태 등 다양하다.

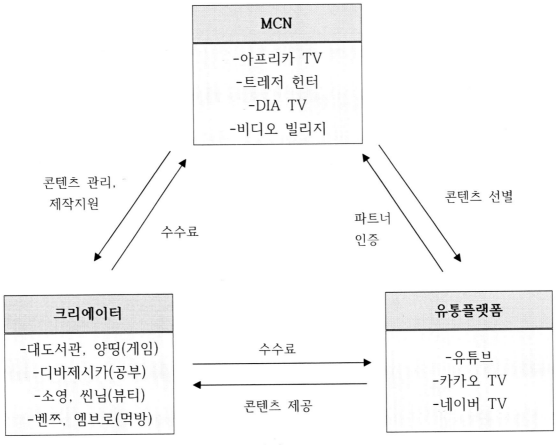

그림 1 MCN, 크리에이터, 유통플랫폼 관계

1) 유통플랫폼과 크리에이터 간 수익구조

UCC를 기반으로 하는 온라인 동영상을 유통할 수 있는 플랫폼이 지속적으로 늘어나면서, 플랫폼 자체의 영향력은 상대적으로 줄어들었다. 과거 레거시 미디어에서는 콘텐츠 공급자인 PP(Program Provider)가 제한된 플랫폼에 제작물을 납품해야 하는 입장이었기 때문에 플랫폼과 PP 사이에 갑을의 권력 구조가 생성되었다. 그러나 UCC 기반 동영상 산업에서는 콘텐츠 공급자의 영향력이 강화되고 플랫폼사업자는 콘텐츠 공급자를 파트너로 인정하면서 정책적 지원을 강화하게 된다.

그 중 대표적인 것이 제작 지원과 수익 배분 정책이다. 애초 방송사나 케이블 사업자 등 대형 콘텐츠 제공자에게만 한정되었으나, 점차 소형 제작사와 1인 크리에이터들에게도 수익을 배분해 콘텐츠 제작을 촉진시키고 있다. 플랫폼 사업자는 수익배분 정책 외에도 크리에이터들의 콘텐츠 제작을 지원하기 위해 제작 소프트웨어와 제작자 커뮤니티 지원 등 정책을 실시하고 있다. 유튜브의 '제작자 스튜디오'와 아프리카 TV의 '방송지원센터'가 대표적인 사례다.

그림 2 여러 가지 유통 채널

크리에이터의 콘텐츠의 질적 향상은 이용자 확대 및 충성도 유지에 기여하게 되며, 이는 곧 안정적인 트래픽에 따른 광고 수익 증가로 이어질 수 있기 때문이다. 또한 플랫폼 이용자들의 콘텐츠 선호 유형에 대한 데이터는 콘텐츠 개발의 비즈니스 기회를 제공하기도 한다.

유통 플랫폼별로 구체적으로 수익구조를 살펴보면 다음과 같다.

아프리카 TV의 경우 1인 크리에이터에 해당하는 BJ(Broadcasting Jockey)의 수익은 창작자와 방송 시청자 사이에서 별풍선, 퀵뷰, 스티커, 초콜릿 등의 아이템을 통한 기부 및 후원에 의해 발생한다. 특히 별풍선 아이템은 시청자가 방송 중 BJ에게 선물할 경우, 수수료를 제외하고 환전할 수 있어 BJ의 실질적인 수입원 역할을 하고 있다.

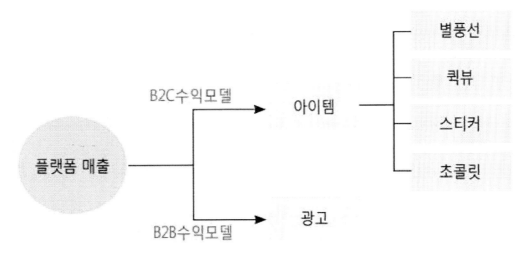

그림 3 1인 크리에이터와 아프리카 TV플랫폼 수익 모델

반면, 유튜브에서 활동하는 크리에이터들은 이용자들로부터의 직접적인 수익이 발생하지 않는다. 대신 '트루뷰'라는 광고 과금 방식을 통해 구독자가 창작물 시청 시 나오는 광고를 끝까지 시청할 경우 광고수익의 55%를 배분받는다.

유트뷰의 '트루뷰' 이외에도 1인 미디어의 광고 형태는 블로그 배너, 유튜브 인스트림(In-Stream)광고, 팟캐스트 오디오 광고 등 미디어 특성마다 조금씩 다르다. 현재는 이런 유통채널에 의존하지 않고 개인이 직접 광고를 붙일 수 있는 방법도 나오는 추세이다. 방문자가 많은 파워블로거가 아니더라도 1인 미디어를 운영하는 사람이라면 누구나 손쉽게 광고를 붙일 수 있는 서비스인 직접광고가 바로 그것이다. 곰팩토리가 출시한 PC, 모바일 통합 광고 플랫폼 '애드파이'는 블로그 사용자 등을 포함한 1인 미디어가 간단한 가입 후 직접 광고 소스를 생성해 적용할 수 있다.

애드파이는 다양한 국내외 플랫폼 근무 경력이 있는 엔지니어들이 독자 개발한 순수 국내 플랫폼으로 와이더플래닛을 비롯해 구글, 인모비, 비드스위치 등 국내외 약 20여 개 광고플랫폼과 연동이 됐다. 따라서 일일이 광고플랫폼에 맞춰 번거로운 설정 없이 애드파이 소스 하나만으로도 여러 플랫폼들의 광고를 게재할 수 있으며 다양한 형태 배너와 네이티브 광고, 동영상 광고 서비스를 지원하고 있다. 국내 플랫폼인 만

큼 각종 요청에 대한 대응이 빠르고 광고비 지급 주기가 짧다는 것도 주요 특징이다.

그림 4 직접광고 플랫폼 '애드파이'

또한, 애드파이는 일간 250TB 이상 데이터 관리 플랫폼(DMP)를 통한 빅데이터 분석으로 핵심 사용자와 광고캠페인을 매칭해 최적 광고를 노출시켜 주는 타깃팅 알고리즘으로 운영된다. 대량 광고 물량 중에서도 구매전환확률 예측모델에 기반해 상품을 노출하는 알고리즘으로 타 플랫폼 대비 광고 클릭률 상승이 가능해져 높은 수익으로 이어질 수 있다.

또 다른 광고 형태인 인스트림 광고는 유뷰브 플랫폼을 통해 많이 접해본 광고형태이다. 유튜브 이용자들이라면 누구나 영상을 시청하기 전 광고 영상을 본 경험이 있을 것인데, 이같이 유튜브 크리에이터들 또한 자신의 콘텐츠에 동영상 광고를 게시하는 인스트림 광고를 통해 수익을 내는 중이다.

유튜브는 동영상 콘텐츠 앞뒤 혹은 중간에 삽입되는 인스트림 광고를 서비스 중인데, 이는 광고영상 시청 시 5초 후에 건너뛸 수 있는 광고 서비스와 최대 30초를 시청해야 하는 광고 서비스로 나눠진다.

유튜브 구독자들은 동영상 시청 시 콘텐츠 전후로 광고를 소비하게 되는데 유튜브는 이 광고 수익 중 55%를 크리에이터에게 분배한다. 유튜브 크리에이터는 유튜브 파트너 프로그램에 가입하고 구글 애드센스 계정을 유튜브 계정과 연결한 뒤 수익을 창출하고자 하는 영상을 선택하면 된다. 가입 후 애드센스를 통해 광고 수익 보고서를 열람할 수 있으며 최소 지급 기준은 100달러(약 11만원)수준이다. 또한 유튜브는 최근 월 7천 900원으로 광고 없이 영상을 즐길 수 있는 '유튜브 레드'를 선보이며 광고 없이 사용료로 크리에이터들과 수익을 나눠 갖는 모델도 선보였다.

인스트림 동영상 광고는 아직 현재진행형이라는 점에서 긍·부정 여론이 논의되고 있는 상황이다. 광고플랫폼 개발이 꾸준히 진행되고 있어 다양한 업데이트 있다는 점과 한 편의 영상광고를 끝까지 노출시킬 수 있다는 점, 광고 컨텐츠의 데이터를 누적하여 유저들의 행동방식 등을 분석할 수 있다는 점 등이 긍정적인 측면에서 부각되고 있다.

반면, 부정적인 의견으로는 그만큼 불안정한 환경의 광고상품이고, 스킵이 없는 일방적인 형태로 노출되어 유저들의 실제 콘텐츠 집중도와 흥미를 떨어뜨려 반감을 살 수 있다는 점, 스킵 할 수 없어 시청 중인 콘텐츠에서 아예 이탈될 수 있다는 점 등이 있다.

디스플레이 광고 형태도 있는데, 디스플레이 광고(DA)란 Creative 전략과 감각적인 디자인까지 한꺼번에 잡는 획기적인 광고로 브랜딩 또는 그래픽 이미지나 플래시 동영상 형태로 메시지를 전달하는 광고를 뜻한다. 많은 방문자를 유입하고 싶을 때 효과적인 광고방식 중 하나이다. 인터넷 웹페이지를 보면 포털사이트의 정중앙이나, 우측 하단 등에서 사진이나 동영상, 플래시 등 다양한 형태의 디스플레이 광고를 볼 수 있다.

그림 5 유튜브 디스플레이 광고

유튜브에서도 이러한 디스플레이 광고와 비슷한 트루뷰 디스플레이 광고를 삽입하여 유튜브 검색 시 맨 위나 맨 아래에 위치하여 추천 광고를 노출시킨다. GDN(구글 디스플레이 네트워크)와 유튜브는 노출 구역을 공유하여 영상 광고가 GDN네트워크 노출 위치에 나타날 수 있다. 인스트림 광고와는 다르게 트루뷰 디스플레이 광고는 영상광고 썸네일을 클릭하게 되면 조회로 인정되어 과금이 발생한다.

시각적 형태의 광고 이외에도 오디오 광고 형태가 있는데 오디오 역시 1인 미디어 중 인기 있는 플랫폼으로 광고수익을 많이 얻을 수 있다. 팟캐스트는 1인 미디어의 대표적인 예다. 2011년 '나는 꼼수다'의 흥행으로 급성장한 우리나라 팟캐스트 시장은 언제 어디서든 들을 수 있는 '온디맨드2) 라디오'로 청취가 늘고 있다. '팟빵'은 가입자 300만 명의 국내 최대의 팟캐스트 플랫폼으로 현재 팟빵에서 제공되는 콘텐츠는 '김어준의 뉴스공장', '김숙&송은이의 비밀보장' 등 9400개를 넘는다.

---

2)공급 중심이 아니라 수요가 모든 것을 결정하는 시스템이나 전략 등을 총칭하는 말. 컴퓨터 기술의 비약적인 발달로 고객이 요구하는 대로 즉시 대응하는 서비스 시대가 도래하면서 등장한 것으로 고객이 원하는 것을 즉시 해결해주는 새로운 정보산업체제를 말함. 수요자가 원하는 동영상을 마음대로 보는 비디오온디맨드(VOD : video on demand)를 비롯하여 팩스온디맨드(FOD : fax on demand),뉴스온디맨드(news on demand), 북온디맨드(book on demand) 등이 이에 속한다. [네이버 지식백과]

그림 6 인기 팟캐스트

팟캐스터의 주요 수익원인 '오디오 광고'는 본 콘텐츠 재생 전 오디오 CM이 나오는 형식이다. 오디오 CM은 15초 이상의 유효청취만 과금되는 방식으로 광고주 입장에서 합리적이다. CM 재생 10초 후에는 스킵버튼이 활성화되어 청취자의 편의성 또한 고려했다. 팟캐스트가 점차 대중화되면서 라디오처럼 팟캐스트 안에도 최소한의 유지를 위한 광고가 조금씩 들어가기 시작했고 일부 상위권 팟캐스트에만 진행되었던 광고를 모든 팟캐스트에서 가능하게 했으며, 광고 수익은 재생 수에 비례해 팟캐스터들에게 지급된다.

오디오 광고효과는 좋은 것으로 나타났다. 팟캐스트의 방송 내에 광고상품에 대하여 소비자의 반응을 팟캐스트 사이트 팟빵에서 조사한 결과 부정적인 반응에 비해 긍정적인 반응이 높은 것으로 조사되었다. 특히 꾸준히 팟캐스트를 청취하는 청취자의 반응이 일반적인 사람들에 비해 높게 나타났고, 팟캐스트 광고를 접하게 된 후 2차적으로 더 많은 정보를 얻기 위해 검색 엔진을 통해 다시 한 번 검색해보는 경우가 많다는 결과가 나왔다.

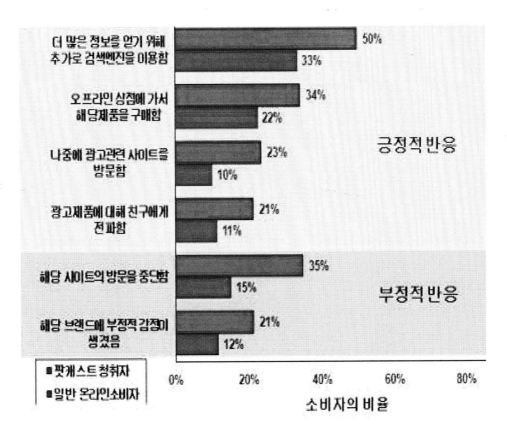

그림 7 팟캐스트 광고에 대한 청취자 반응

이처럼 팟캐스트의 광고가 일반적인 매체 광고보다 호응이 좋은 이유는 광고가 주는 '재미'에 있다. 일반적인 광고에 비해 조금은 허술한 듯하면서 소비자들의 재미를 유발하는 광고를 통해 궁금증을 갖게 하고 이는 긍정적인 효과로 이어지게 되는 것이다.

개그우먼 송은이&김숙의 비밀보장의 경우 제일 처음 자신들의 지인들이 직접 허술하게 녹음한 가게 광고 등을 통해 "재미있고, 신선하다"라는 평을 받으며 점차 많은 광고주들이 생겨났고 수동적으로 광고만을 내보내는 것이 아닌 직접 해당 제품을 사용하거나 구매한 뒤 그 후기를 알려주는 등 조금 더 적극적인 자세를 보여 시청자에겐 재미와 광고주에게는 만족스러운 광고를 보여주기도 했다.

2) MCN과 크리에이터 수익구조

1인 크리에이터의 콘텐츠에 대한 영향력이 확대됨에 따라 이를 사업적으로 지원해주는 MCN 사업자들은 소속 크리에이터들을 위한 유통채널 다각화, 제작 및 마케팅 지원 등을 통해 광고 수익 일부를 크리에이터와 배분하고 있다. 또한, MCN 사업자는 크리에이터와 협업하여 다양한 수익모델을 개발 중이다.

일반적으로 광고수익은 크리에이터와 MCN이 8대 2, 브랜디드 콘텐츠나 협찬 광고로 발생하는 수익은 50%씩 나눠 갖는다. 브랜디드 콘텐츠(Branded Contents)는 일방적으로 전달하는 기존 광고 형식에서 벗어나 브랜드 스토리를 색다르게 전달하는 방식의 광고이다. 브랜디드 광고는 MCN과 소속 크리에이터 및 기업이 함께 제작하는 광고이며, 유통 플랫폼에서 또 다른 양질의 콘텐츠로서 인기를 얻고 있다.

인지도가 높은 크리에이터일수록 조회 수가 높고 다양한 플랫폼에 노출되기 때문에 수익도 높다. 2017년 수익 상위 5%인 크리에이터 월평균 수입은 1500만 원을 넘었다.

1인 미디어의 영향력 및 시장 확대는 MCN 사업자의 수익모델을 더욱 다양화할 것으로 예상된다. 초기의 크리에이터의 협업을 통한 수익 배분, 브랜디드 콘텐츠뿐 아니라 기업과의 제품 공동 출시, 나아가 커머스(Commerce)로 그 영역으로 확대될 전망이다.

대표적인 예로 트레저헌터는 소속 스타 크리에이터 관련 상품을 파는 크리마켓을 오픈하며 다양한 상품군을 판매하여 수익을 창출하고 있다. 국내 한 코스메틱 브랜드는 개성 있는 화장법을 소개하여 국내외 젊은 여성층으로부터 인기를 얻은 1인 크리에이터 '씬님'과 공동으로 제품을 출시하여 24시간 내 제품을 모두 판매하는 기록을 세우기도 했다.

이처럼 기존의 광고 수익뿐만 아니라 1인 미디어의 영향력을 활용한 상품 판매 등을 통해 1인 크리에이터 및 MCN 사업자의 수익모델은 다변화되고 있는 추세이다.

Ⅲ. 1인 미디어 중계 플랫폼

3. 1인 미디어 중계 플랫폼

PC에서 실시간 중계를 하려면 별도의 프로그램이 필요하다. 다음은 1인 미디어의 주요 중계 플랫폼을 소개한다.

유튜브	• 세계 최대의 UGC 및 온라인 동영상 서비스 • 2005년 2월 서비스 시작, 2006년 11월 구글이 16억 5천만 달러에 인수 • 웹과 대부분의 스마트폰, 스마트TV 등에서 시청 가능 • 2007년 광고수익을 공유하는 '파트너 프로그램' 도입(일반적으로 광고매출의 55%를 제작자에게 분배) • 2010년, 실시간 스트리밍 채널과 개인맞춤형 채널 추천 기능 도입 • 2012년 3월 모바일단말에서의 HD 영상 시청 지원 • 2013년 5월 콘텐츠 제작자가 자신의 채널에 대해 월 0.99달러 이상을 부과할 수 있는 유료 옵션 테스트 시작 • 2013년 12월 실시간 스트리밍 방송 제공자의 구독자 수 제한 철폐. 기존에는 1,000명 이상의 구독자를 보유한 채널에 한해 실시간 방송 기능을 제공했으며, 2013년 8월 이 기준을 100명으로 낮춘 바 있음
페이스북 라이브	•페이스북이 제공하는 생방송 스트리밍 서비스 •2016년 4월 서비스 시작 •페이스북 애플리케이션만 깔려있으면 휴대폰 또는 컴퓨터를 이용해 장소와 시간 구애받지 않고 라이브 방송 가능
Vimeo	• 2004년 11월 설립된 동영상 공유 서비스.'Viemo'는 'Video'와 'Me'의 조어. 2013년 12월 기준 1억 명의 방문자 기록 • 2007년 업계 최초로 HD 동영상 공유 시작 • 2008년 방송 제공자를 위한 무제한 채널, 동영상 용량 무제한, 광고제거 등의 기능을 제공하는 연60달러 상품 출시 • 2011년 8월 미디어 전문업체를 위한 Pro 계정 도입

아프리카 TV	• 2006년 3월 서비스를 시작한 인터넷 개인방송 서비스. 개인방송 이외에도 스포츠 실시간 중계 등을 제공 • BJ(Broadcasting Jockey)라 부르는 방송 제공자가 동영상을 송출하면 최소 50명에서 1,100명까지 동시 시청 가능 판도라TV가 선정한 일부 BJ는 1,600명까지 동시접속 가능 • 시청자는 '퀵뷰' 아이템 구매를 통해 동시접속 제한에 걸린 채널 시청 가능 • 시청자가 유료로 구입한 '별풍선'을 BJ에게 선물하면 BJ는 이를 현금화 할 수 있음
판도라 TV	• UGC 서비스로 시작하였으며,'채널'을 통해 개인 방송국 운영 가능 • 1999년 '레떼컴'으로 창립, 2004년 사명 변경 • 2011년 현대HCN과 합작해 N스크린 서비스 '에브리온TV' 출범
페리스코프	• 미국에서 개발한 생방송 스트리밍 애플리케이션 • 2015년 1월 트위터가 인수함 • IOS버전 출시, 열흘 만에 가입자 100만 명 넘김 • 2015년 5월 안드로이드 버전 출시 • 해외 롤링스톤즈 공연 실황 생중계한 바 있으며, 오프라 윈프리도 자신의 모습을 팬들에게 알리는 수단으로 페리스코프 애용. • 국내에서는 호란, 거미 등 인기 뮤지션들이 페리스코프를 이용해 깜짝 공연을 생중계하여 호응을 얻은 바 있음.

가. 유튜브

해외 및 국내 1인 미디어의 최대 유통 플랫폼으로는 2005년 동영상 업로드 및 플래시 영상 서비스를 게시한 유튜브를 꼽을 수 있다. 유뷰브는 전 세계 최대 무료 동영상 공유 사이트로, 사용자가 영상 클립을 업로드하거나 시청 또는 공유할 수 있다. 2005년 페이팔 직원이었던 채드 헐리, 스티브 천, 자베드 카림(퇴사)이 공동으로 창립하였다. 2006년 구글에 인수된 이후 빠르게 성장하며 구글의 핵심 서비스로 자리매김하였다.

2015년 기준 1분당 300분 분량 이상의 동영상이 업로드 되고 있으며, 특히 한국은 유투브 모바일 시청 비중이 가장 높은 나라 중 하나이다. 2015년 국내 유튜브 시청 시간은 전년 대비 110%, 업로드 비중은 90% 증가하며, 국내 1인 미디어의 중요한 유통 플랫폼으로 입지를 굳히고 있다.

유튜브로 실시간 방송을 할 수 있는 플랫폼도 등장했는데, 유튜브 라이브가 바로 그것이다. 크리에이터 스튜디오에서 실시간 스트리밍 서비스를 이용하면 된다. 현재까지는 PC 중계 중심이지만 모바일 생방송 기능도 점차 확대될 것으로 보인다. 최근 라이브 스트리밍에서 실시간 자동 자막을 지원해 청각장애인과 같이 자막을 필요로 하는 시청자들에게 매우 유용하게 쓰이고 있다.

유튜브 라이브는 콘텐츠 유통 플랫폼으로 생방송과 유통을 동시에 진행할 수 있으며, 10만 구독자를 돌파한 채널만 430개로 구독자층을 쉽게 확보할 수 있어 크리에이터들에게는 매력적인 플랫폼이다.

유튜브는 생중계 채널 확보에 적극 나서고 있으며 생중계를 진행하는 1인 크리에이터에게 조회 건수에 따른 광고 수익을 나누고, 구독자 규모가 작은 채널에도 구독자 확보를 위한 지원을 강화하겠다고 밝힌 바 있다.

전 세계 각국의 사건 사고들이 기존의 대형 미디어보다 유튜브를 통해 더 빨리 전해지고 있고, 기존 매체에서 다루지 못하거나 외면했던 사건에 대해서도 다루고 있어 '유튜브 저널리즘'이라는 말이 생겼다.

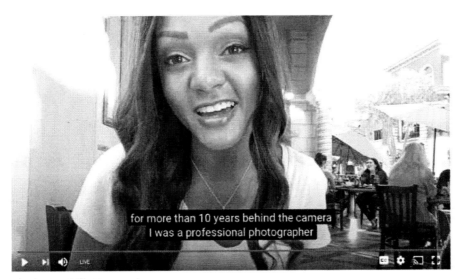

for more than 10 years behind the camera
I was a professional photographer

LIVE | Healthy Digital Nomad Life

451 watching now

ROCKY NASH LIVE
Started streaming 10 minutes ago

Rocky Nash is a Livestream Travel Host who creates interactive lifestyle broadcasts
where you can participate as a real-time viewer. Turn on notifications to catch her 360
video tours!

SUBSCRIBE 346

그림 9 유뷰브 실시간 라이브 자막 서비스

나. 페이스북 라이브

페이스북 라이브는 페이스북 기반의 실시간 중계플랫폼으로 페이스북 이용자라면 누구나 방송을 시작할 수 있다. 모바일에서 페이스북 어플리케이션을 설치한 후, 라이브 방송 기능을 활용하면 된다.

강점은 관심사와 친밀도 기반으로 시청자를 모을 수 있다는 점이다. 1인 방송에 특별한 관심을 두지 않아도, 친구나 팔로잉한 사람이 방송을 시작하면 타임라인에서 방송을 접할 수 있기 때문이다. 방송 종료 후에는 스트리밍 영상이 타임라인에 남는다. 위치기반으로 현재 방송 중인 사람을 찾을 수도 있다.

페이스북 라이브는 개인방송은 물론, 대구 치맥 파티, 프로야구 수훈선수 시상식, 출판사 북토크쇼, 유세 현장 등에서 널리 활용되고 있다. 생방송은 저화질로 중계되지만, 데이터 소모량에 따른 부담을 줄일 수 있다. 방송 종료 후에는 고화질로 영상 대체가 가능하다.

페이스북은 2016년 2인 동시 생중계, 방송 대기실 기능, 가짜 얼굴 방송 등 신기능을 발표한 바 있으며 모바일 앱에서도 현재 실시간으로 방송되고 있는 페이스북 라이브 영상을 한눈에 살펴볼 수 있도록 탭을 추가했다.

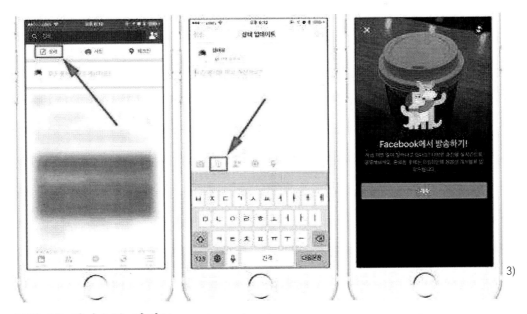
³⁾

그림 10 페이스북 라이브

---

3) 출저=IT동아

다. Vimeo

Viemo는 사용자가 직접 제작한 동영상을 업로드하고 공유하며 볼 수 있는 동영상 공유 웹사이트이다. 2004년 11월 자크 클라인과 제이크 로드윅이 설립하였고, 비메오라는 이름은 공동 창업자 제이크 로드윅이 비디오(video)와 미(Me)를 합쳐 지은 것으로 이용자가 직접 만드는 영상물 중심을 이야기한다.

Vimeo는 동영상 VOD 서비스만 실시하다 최근 실시간 영상 중계 시장을 공략하기 시작했다. 2017년 9월, 온라인 중계 영상 솔루션 업체인 Livestream을 인수함과 동시에 자사 플랫폼에서도 실시간 영상 중계 서비스를 개시했으며, 2017년 10월에는 Livestream이 보유하고 있던 인터넷 기반 중계용 카메라 Mevo의 2세대 버전 "Mevo Plus"를 출시했다.

Facebook, YouTube 등 거대 플랫폼 업체들이 소셜 인플루언서들을 중심으로 소비자 지향적인 실시간 중계 플랫폼으로 포지셔닝하고 있는 반면, Vimeo는 기존 자사의 아이덴티티에 따라 영상제작자 중심의 실시간 중계 플랫폼으로서 차별성을 강조하고 있는 상황이다.

그림 11 비메오 비디오 서비스

4)

Vimeo Live는 라이브 스트리밍과 그 이상을 위해 필요한 모든 도구를 제공하며, Vimeo를 통해 최대 1080p HD의 아름다운 라이브 비디오를 스트리밍하려면 카메라, 라이브 지원 인코더(방송 소프트웨어 또는 하드웨어) 및 Business Live 또는 PRO Live Vimeo 계정만 있으면 된다. 최대 1080p HD서비스가 가능하며, 비메오 프로(Vimeo PRO)계정으로는 월 최대 5번 스트리밍이 가능하다. 비메오 비즈니스(Vimeo Business)계정은 무제한 가능하다.

4) 출저: 메이커 스튜디오 홈페이지

라. 아프리카 TV

평균 38만 명, 최고 77만 명의 시청자가 동시 접속해 방송을 시청하는 아프리카TV는 국내 최대의 1인 미디어 채널을 보유한 대표적인 동영상 공유 서비스로서 월평균 방문자 수는 2013년 636만 명, 2014년 726만 명, 2015년에는 800만 명을 기록하였다. 이는 국내 업계 1위 수준으로 1인 미디어의 한 형태인 개인 방송 산업을 사실상 독점하고 있다고 볼 수 있다.

1996년 4월 '나우콤' 명칭으로 창립했던 IT기업이었으나 2013년 4월 주력 서비스였던 아프리카 TV로 사명을 변경했다. 2005년 'W플레이어'란 이름으로 베타서비스를 시작하여 2006년 3월 '아프리카(afreeca)'로 정식 오픈 후 2012년 4월 '아프리카 TV(afreecaTV)'로 사이트 이름을 변경하였다.

아프리카 TV는 실시간 방송의 묘미인 '소통'이 활발하게 이루어지는 것이 특징이다. 먼저 방송에 참여할 사람들이 모여 있는데, 방송 중계와 시청을 위해 아프리카 TV에 모이는 인원만 해도 하루 60만 명이 넘는다. 누구나 언제, 어디서든 개인 방송이 가능하기 때문에 접근성이 매우 좋다는 점도 크게 기여한다.

그림 12 아프리카 TV 방송

또한, PC와 모바일 생중계를 지원해 실시간으로 이야기가 많이 생성되는데 대도서관, 양띵 등등 이름만 대면 알만한 BJ들이 포진해있는 이유이기도 하다. 방송주제도 다양하다. 대표적인 것들로 먹방, 게임방, 쿡방, 뷰티 방송 등은 물론 공무원, 공부방, 낚시방 등 여러 가지 방송 주제들이 많다. 특히 먹방은 CNN 등 유력 외신에서도 소개될 정도로 많은 화제를 모으고 있다. 먹방을 제공하는 BJ도 3천여 명에 이르는 가운데, 일부 BJ는 방송 1회당 평균 30~40만 원, 월 1천만 원에 가까운 수익을 올리는 것으로 알려져 있다.

또한 최근에는 '먹방'의 뒤를 이어 '공방(공부하는 방송)'이 인기를 끌고 있는데, 외국어나 운동 등 특정 분야에 조예가 깊은 BJ들이 강좌 형태로 방송을 진행하거나 자신이 공부하는 영상 자체를 중계하는 것이다. 일례로 '디바제시카'라는 유저가 제공하는 무료 토익 강의는 매회 600~1,000명이 동시 시청한다. 이처럼 공방이 인기를 끌자 아프리카TV는 공방 전용 카테고리를 개설하기도 했다.

아프리카TV의 경우 1인 미디어 콘텐츠를 총 19개 카테고리로 구분하여 제공하고 있다. 파트너 BJ, 베스트 BJ, 신인 BJ, 모바일, 게임, 모바일게임, 토크/캠방, 먹방, 뷰티/패션, 음악, 스포츠, K-POP, 지상파/케이블, 애니, 학습, 시사/현장, 주식/금융, 생활/정보, 성인으로 구분된다.

또 다른 특징으로는 '별풍선'으로 불리는 특유의 비즈니스 모델이다. 시청자들은 개당 110원(부가가치세 포함)에 판매되는 별풍선을 구입할 수 있으며, 방송을 진행하는 BJ에게 선물로 제공할 수 있다. BJ는 선물 받은 별풍선을 500개 단위로 현금화할 수 있는데, 세금을 제외한 100원 중 BJ가 60원, 아프리카 TV가 40원의 비율로 나누게 된다. 많은 인기를 얻는 '베스트 BJ'로 선정되면 수익분배율은 7:3으로 높아진다. 자체 보유한 플랫폼을 통해 방송 다시보기, 방송 하이라이트 보기 등의 서비스를 제공하여 광고 수익도 분배하고 있다.

B2C 수익모델			B2B 수익모델
퀵 뷰 (quick view)	• 광고 SKIP • Full방 입장 가능 • 멀티뷰(view)(2ro 채널 동시 시청) • 사용기간 동안 Q마크 부여	광고	• 동영상 광고 • 스폰서쉽 광고 • 각종 지면 광고 (CPM/CPC) • AD타임(Bj 중간광고)
별풍선	• 시청자가 BJ에게 선물 • BJ는 수수료 제외 후 환전 • 팬클럽이 되어 함께 만들어 가는 방송 취지	모바일 광고	• 모바일 플랫폼 내 광고 (띠배너 앱 다운로드 유도 (CPI))
스티커	• 시청자가 BJ에게 선물 • 선물자에게 서포터 S마크 부여 • BJ는 기능 아이템으로 교환 (상단 노출, 화질 향상 등 시즈널 스티커 제공)	기업 방송 솔루션	• PC/Mobile 기업 방송국 구축(생방송 플랫폼 ASP제공) • 웹 임베디드형 플레이어 제공 • 기업 행사 생중계 • BJ 프로모션 상품 • 방송 부가 상품(기획/촬영/송출/홍보 등)
초콜릿	• 시청자가 BJ에게 선물 또는 아이템으로 교환 • BJ는 방송 부가 기능으로 활용		

표 2 아프리카 TV 자체 수익모델

베스트 BJ는 아프리카 TV의 스타 BJ제도 중 하나이다. 스타 BJ제도는 파트너BJ, 베스트BJ, 창업BJ, 모바일BJ, 스포츠BJ, 프로게이머BJ, 방송대상 수상BJ, 투데이BJ가 존재한다. 스타 BJ는 BJ가 직접 신청하고 아프리카 TV운영자에 의해 심사 후 선발된다. 이중 파트너 BJ는 아프리카TV 자체 MCN 사업 소속 BJ를 가리키는 명칭이다. 스타 BJ는 유지 기준을 두어 스타 BJ로 선정되더라도 유지 기준을 지키지 못할 경우 자격이 박탈된다. 타 MCN의 경우 크리에이터와 년 단위 계약으로 인해 효력이 오래가지만 스타 BJ의 경우 BJ가 방송을 유지하지 못하는 경우 자동으로 자격이 박탈된다는 점에서 어느 MCN보다 꾸준함이 요구된다. 파트너 BJ 자격을 유지하기 위해서는 1달에 15일 40시간 이상 개인 방송을 해야 한다.

파트너 BJ	장르	아프리카 TV 방송국	유튜브 구독자 및 조회수
최군	• 야외방송 • 게스트 방송	• 애청자 명 : 467,432명 • 누적방송시간 시간 : 63,271 • 누적시청자수 명 : 271,737,092	73,628 명 51,595,071회
철구	• 게임 • 음악 • 먹방	• 애청자 명 : 1,428,390명 • 누적방송시간 시간 : 18,220 • 누적시청자수 명 : 944,205,510	1,203,850 명 87,486,159회
한나	• 교육	• 애청자 명 : 321,768명 • 누적방송시간 시간 : 48,353 • 누적시청자수 명 : 66,487,818	117,557 명 22,148,098회
로이조	• 게임	• 애청자 명 : 984,382명 • 누적방송시간 시간 : 45,203 • 누적시청자수 명 : 1,123,417,662	742,210 명 425,888,994회
슈기	• 먹방 • 토크	• 애청자 명 : 443,609명ㅣ • 누적방송시간 시간 : 18,681 • 누적시청자수 명 : 69,777,144	2,029,483 명 519,593,469회
망치부인	• 시사	" 애청자 명 : 194,256명 " 누적방송시간 시간 : 86,146 " 누적시청자수 명 : 151,673,421	17,723 명 33,882,311회

표 3 아프리카 TV대표 크리에이터(파트너 BJ)현황

이처럼 아프리카는 자체 플랫폼, 유료 아이템을 통한 아프리카 BJ와의 동반 성장을 목표로 생태계를 구축하고 있다. 이로써 BJ를 중심으로 형성된 커뮤니티, 팬덤은 시청자가 함께 BJ의 방송을 만들어간다는 인식을 갖게 한다.

2013년 12월에는 유튜브와 협약을 체결하여 개인 방송을 통해 생산된 다양한 콘텐츠를 유튜브에 적극 공급하고 있다. 자체 플랫폼을 넘어 유튜브를 통한 유통확대로 아프리카 TV의 개인 방송 콘텐츠가 세계 시장에 전파될 수 있는 토대 마련 및 글로벌 시장에서의 인지도와 경쟁력을 강화시킨다는 목적이다.

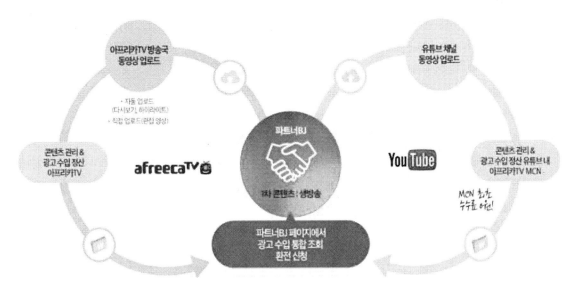

그림 13 아프리카 TV 수익구조
5)

게임, 스포츠, 음원 등의 1차 저작권을 활용한 개인방송이 증가하면서 저작권 침해 사례가 증가하고 있는데 아프리카 TV는 저작권에 대한 문제를 판권 확보를 통해 해결하려고 노력 중이다. 저작권이 해결된 콘텐츠는 BJ에게 공지하고 해결되지 않은 콘텐츠는 방송할 수 없도록 엄격하게 관리 중이다.

아프리카TV는 한 해 동안 가장 많은 인기를 얻거나 화제를 불러일으킨 BJ들을 대상으로 '아프리카TV 방송대상'을 진행하고 있으며, 2017년 12월에도 게임, 스포츠, 음악, 먹방, 시사 등 총 14개 분야1에 걸쳐 시상식이 진행되었다. 이처럼 별도의 시상식까지 존재하는 것은 1인 미디어가 매우 높은 인기를 끌고 있음은 물론 사회적으로도 영향력이 점차 커지고 있음을 보여주는 것이라 할 수 있다.

2018년 3월 기준 아프리카 TV는 코스닥 시장에서 2만 5450원 정도에 거래되고 있으며 1분기 매출액은 전년 동기 대비 23.1% 증가한 264억, 영업이익은 5.4% 늘어난 50억 원을 기록할 것으로 전망된다.

---

5)출저: 아프리카 TV 홈페이지

마. 판도라 TV

판도라 TV는 동영상을 쉽고 다양하게 표현할 수 있는 인터넷 방송 플랫폼인 '채널'을 통하여, 전 세계 누구나 자신이 만든 동영상을 보여주거나 배포할 수 있는 개인 멀티미디어 플랫폼 서비스이다. 1999년 2월 한국에서 서비스를 런칭 한 이후, 국내 최초의 UCC문화와 웹 2.0 서비스를 선도한 판도라 TV는 지난 2007년 세계적인 미디어 회사인 레드헤링(Red herring)이 뽑은 2007년 글로벌 경쟁력을 갖춘 100대 유망기업에 선정되기도 하였다.

판도라 TV는 2004년 10월 UCC (User Created Contents) 동영상 공유 포털 사업을 시작하였으며, 동영상 광고인 iCF를 도입하였다. 사용자들은 판도라TV의 '채널' 플랫폼을 통해 개인 방송국 운영이 가능하고 자신이 만든 동영상 UCC를 공유할 수 있다.

2008년도 1월부터는 글로벌 서비스를 런칭하였으며, 2011년도에는 웹과 모바일을 비롯한 스마트기기, IPTV를 통해 언제 어디서나 무료로 즐길 수 있는 신개념 웹케이블 TV 플랫폼 서비스인 에브리온 TV를 출시하여 엔터테인먼트, 뉴스, 스포츠, 종교 등의 방송을 HD급의 화질로 서비스하고 있다. 예능/드라마/애니/생활/문화/음악 등의 카테고리별 동영상과 더불어 카카오톡 랭킹 채널, 블랙박스 채널, 대한민국 막장 남녀 채널 등이 모여 국내 최다 800만 개의 동영상 데이터를 보유하고 있다.

현재 일본에서 월간 600만 명의 방문자 수와 4000만 번의 방문횟수를 보이고 있으며, 여기에 머무르지 않고 일본 내에서 판도라 TV 플랫폼을 이용한 게임/만화/애니/쇼핑/프리미엄 콘텐츠/소셜 서비스 등을 선보이기 위해 노력하고 있다.

또한, 2015년 모델과 배우 전문 엔터테인먼트사인 클라이믹스와 콘텐츠 공동사업 추진을 위한 전략적 제휴계약을 추진하여 연예인, 모델, 디자이너, 셀럽 등이 크리에이터로 참여하는 1인 방송 채널을 오픈해 팬들과 시청자들에게 다양한 라이프 트렌드 리얼리티 콘텐츠를 제공한 바 있다.

그림 14 판도라 TV 플랫폼

바. 페리스코프

페리스코프는 트위터 기반의 생중계 플랫폼으로 미국에서 개발했지만 2015년 1월 트위터가 인수했다. 페리스코프는 2016년 애플이 직접 뽑은 올해의 아이폰 앱에 선정되기도 했다.

방송 시 트위터 친구들에게 알람이 가고 트위터 타임라인에서 재생은 물론 방송 주소를 트위터 친구들에게 공유할 수 있다. 트위터가 모바일을 통해 실시간 소식을 전한다면, 페리스코프는 언제 어디서나 생생한 현장을 전할 수 있다. 예를 들어 트위터가 '지금 역삼동에는 눈이 온다'라는 멘션으로 현재 상황을 알린다면, 페리스포크는 눈이 오는 역삼동 전경을 영상으로 공유한다.

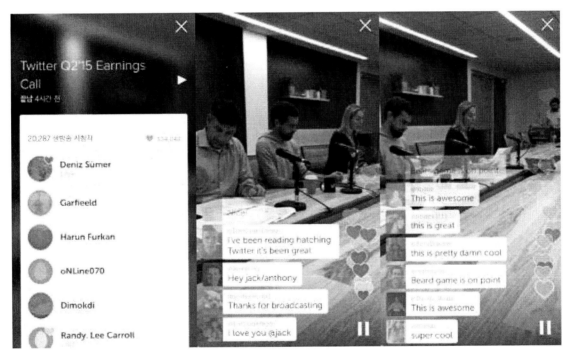

그림 15 페이스코프

페리스코프는 모바일에 최적화되어 세로형 동영상 포맷을 기본으로 해 시청자가 댓글로 방송에 참여할 때 사용하기 편리하다. 위치기반 영상 찾기 기능은 물론, 내 위치 공유기능도 지원한다. 또한 고프로와 드론 연동 기능과 다시보기 영상을 추천해주는 하이라이트 기능도 사용 가능하다.

Ⅳ. 1인 미디어 현황 및 향후 전망

4. 1인 미디어 현황 및 향후 전망

2019년12월 한국방송광고진흥공사(코바코)가 발간한 '소비자행태조사(MCR) 보고서'에 따르면 국민의 45%는 1인 방송을 즐겨 시청하고 있는 것으로 나타났고, 예상대로 연령대가 낮을수록 시청도가 높았다. 하지만 50~60대 중 즐겨본다고 응답한 비율도 각각 30%, 26%에 달했다. 1인 방송이 정보획득에 매우 도움이 된다고 응답한 비율도 38%로 높게 나타났고 10대(63%)와 20대(52%)에서 특히 두드러졌다.[6]

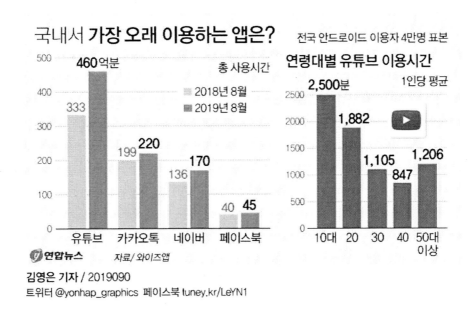

앱·리테일 분석서비스 와이즈앱은 2019년 8월 1인당 평균 사용시간은 1천391분이었고, 이 중 10대는 1인당 평균 2천500분을 보는 것으로 나타났다. 20대는 1인당 평균 1천882분, 50대 이상이 평균 1천206분을 보는 것으로 집계됐다. 30대와 40대의 1인당 평균 사용시간은 각각 1천105분, 847분이었다. 또한 유튜브 앱의 월 사용자수(MAU)는 3천308만명으로 작년 동기(3천93만명)보다 7% 늘었다.

이러한 소비자들의 관심에 맞춰 점점 더 많은 기업들이 1인 미디어 산업에 발을 들이고 있으며, 1인 미디어 방송 시장을 향한 광고업계들의 관심도 더욱 커질 것으로 예상되고 있다. 다른 매체에 비해서 저렴한 가격으로 고효율의 광고 효과를 볼 수 있기 때문에 광고 기업 간의 경쟁도 예상되고 있다.

또한 독일 시장조사 기관인 스타티스타(Statista)에 따르면 전 세계 디지털 동영상 광고 시장은 2015년 160억 달러(약 19조 원)에서 2022년까지 전 세계 디지털광고 시장

---

6) [MCR] 2019년 소비 트렌드는 "1인미디어, 5G, 必환경. MAD TIMES. 2019-12-20

이 4000억달러(450조원) 규모로 성장할 것으로 보고 있다.

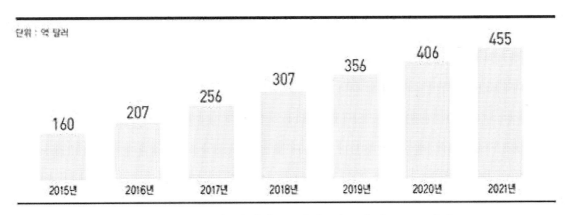

그림 18 전 세계 디지털 동영상 광고시장 규모 전망

그림 19 1인 방송/MCN 시청 플랫폼은 유튜브 > 아프리카TV > 트위치 순
7)

KT 그룹 디지털 미디어 랩 나스미디어가 국내 10~50대 남녀 PC, 모바일 이용자를 대상으로 분석한 '2018 인터넷 이용자 조사(NPR)'에 따르면, 국내 이용자들 중 82.4%가 동영상 시청 플랫폼으로 유튜브를 사용한다고 응답했다. 특히 1인 방송/MCN 시청의 경우 87.5%로 2위인 아프리카TV(30.8%)와 큰 격차를 보였다.

구분	세부항목	빈도	백분율
주 이용 플랫폼	유튜브	107	89.2
	인스타그램	5	4.2
	네이버	5	4.2
	아프리카TV	2	1.7
	페이스북	1	0.8

표 4 크리에이터 주 이용 플랫폼

8)

---

7) 스낵미디어 산업 동향, 한국엠씨엔협회, 2018.

크리에이터들도 유튜브를 가장 선호하고 있다. 문화체육관광부가 발표한 '개인미디어 콘텐츠 육성방안 연구(2018)' 결과, 국내 1인 미디어 크리에이터 중 89.2%가 유튜브를 메인 플랫폼으로 사용하며, 2순위에는 인스타그램(4.2%)로 나타났다.

가. 1인 미디어 참여자 폭발적 증가

1인 미디어 관련 시장의 활동 주체는 크게 콘텐츠 소비자와 공급 측면에서 1인 크리에이터, 이를 육성 및 지원하는 MCN 사업자 그리고 유통 플랫폼 사업자로 구분할 수 있다.

유튜브나 페이스북, 아프리카 TV 같은 플랫폼에 채널을 만들고 직접 촬영한 영상을 올려 대중들과 공유하고 소통하는 이들을 일컫는 일명 크리에이터는 연예인 못지않은 인기를 얻기도 한다. 영상물에 익숙한 10~20대들에게 크리에이터의 인기는 연예인 이상이다. 한때 초등학생들 사이에 아이돌 가수와 같은 연예인이 장래희망 1순위였지만 요즘은 크리에이터로 바뀌었을 정도다.

콘텐츠의 다양성, 제작 및 유통 방법이 용이하기 때문에 1인 크리에이터의 영역은 소비자와 창작가의 경계가 없다고 볼 수 있다. 따라서 유튜브, 아프라카 TV 등 다수의 플랫폼에서 다양한 콘텐츠를 제작하고 유통하는 모두가 1인 크리에이터 범주에 속한다고 볼 수 있다.

아프리카 TV의 경우 6개월 동안 5시간 이상 방송한 개인 수는 9,000명 이상이며, 일정 수 이상의 추천을 받은 인기 크리에이터도 800여 명에 이른다. 이외에도 1인 미디어 유통 플랫폼이 계속 등장하고 있다는 점을 감안할 때 1인 크리에이터 공급과 수요는 더욱 증가할 것으로 예상된다.

1인 방송이 성장하고 크리에이터가 급증하게 된 기반은 10대 시청자이다. 어려서부터 스마트폰을 피부로 접하고 영상문화와 호흡하며 자라온 이 세대는 다양한 영상 콘텐츠를 찾아내고 만드는 일에 익숙하다. 기성세대는 '검색'이라면 포털 사이트를 떠올리지만 10대는 모든 것을 유튜브로 검색한다.

모바일앱 분석업체인 와이즈앱이 2017년 12월 발표한 자료를 보면 10~20대가 가장 많이 사용하는 모바일 앱은 유튜브, 카카오톡 순이었다. 특히 10대의 경우 유튜브 사용시간은 카카오톡 사용시간의 3배 이상이었다.

---

8) 상동

크리에이터 연령대는 어린아이부터 노인까지 다양하다. 일반인들도 자신의 가치나 삶의 철학 등을 차별화된 콘텐츠로 만들 수 있다면 누구든 1인 크리에이터가 될 수 있기 때문이다. 일반인 크리에이터들 대다수는 초기에 스마트폰이나 소형 카메라만으로 촬영을 시작해 성능이 좋지 않았지만, 요즘은 카메라가 성능이 좋아져서 전문장비가 없어도 시작할 수 있다.

하루하루 자라나는 모습을 공개하는 '서은이야기'의 주인공은 4살 정도의 어린아이이다. 구수한 말솜씨와 메이크업 실력으로 화장품 모델까지 한 박막례 씨는 일흔이 넘어 개인방송을 시작했다. 손녀가 치매 예방을 위해 할머니 영상을 찍으면서 스타가 됐다. '가방 공개하기', '카약 타기', '생애 첫 요가 도전' 등 할머니가 새로운 경험에 도전하는 에피소드를 다루며, 구독자는 36만 명 정도이다. 간장게장, 닭다리, 과자 할 것 없이 재미난 먹방을 보여주는 '영원씨 TV'의 김영원씨는 80세다.

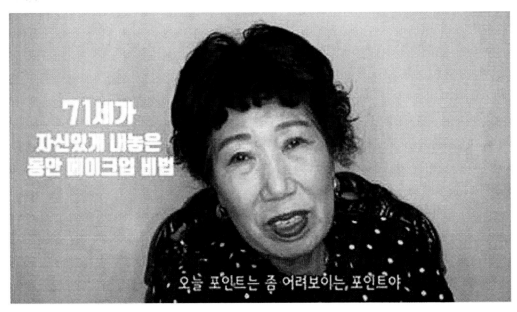

그림 20 유튜브 최고령 1인 방송 창작자 박 할머니

유튜브 구독자 200만 명을 보유한 라온(Raon Lee)씨는 치과 위생사에서 유튜브 크리에이터로 전업한 경우다. 2015년 한 인터넷 카페에 기성곡을 따라 부른 녹음 파일을 올렸는데 조회 수가 급속도로 올라가자 유튜브 채널에 눈이 갔고 그해 유튜브 채널을 개설해 일본 애니메이션 위주의 커버곡을 들려주는 전문 크리에이터로 성장했다.

기존의 학벌, 스펙 중심 사회의 관점에서 봤을 땐 비주류이거나 다른 트랙을 달려온 경우가 많지만, 자신이 좋아하는 일을 꾸준히 즐긴다는 것이 성공한 크리에이터들의

공통점이다.

이와 반대로 연예인이 1인 방송에 뛰어드는 경우도 있다. 몇 년 전까지만 해도 연예인들의 1인 미디어 참여방식은 자신이 출연한 작품의 영상이나 티저, 뮤직비디오를 올리는 정도였지만 이제는 유뷰브, 팟캐스트를 중심으로 자신이 가진 장점과 관심사를 활용해 자체적인 콘텐츠를 생산하고 있다. 가장 대표적인 예로 개그우먼 송은이를 들 수 있다. 송은이는 팟캐스트 성공을 사업으로까지 확장시켰다. 절친 김숙과 함께 시작한 팟캐스트는 두터운 팬층을 확보했으며 이 인기에 힘입어 콘텐츠랩비보라는 회사를 설립해 자체 콘텐츠를 개발하고 있다. 더 나아가 '김생민의 영수증'을 기획해 KBS까지 입성했으며, 새 웹예능 '판벌려-이번 판은 춤판'을 기획하고, '셀럽파이브'라는 프로젝트 그룹까지 탄생시켰다.

이외에도 몇몇 연예인들은 대중의 높은 관심속에 유튜버로 활약을 펼치는 경우도 많다. 대표적인 뷰티 크리에이터인 김기수, 악동뮤지션의 이수현, 걸그룹 f(x)의 루나 등이 자신만의 뷰티팁을 1인 방송을 통해 공개하고 있다. 개그우먼 이국주는 아이돌 댄스커버로 시작해, 먹방 등 다양한 콘텐츠를 선보이고 있다.

그림 21 연예인 1인 방송

이렇게 연예인들이 1인 크리에이터로써 참여하는 이유는 개방성과 확장성을 들 수 있다. 대중에게 얼굴을 알리면서 팬층의 기반을 다져야 하는 연예인들에게 기존 방송매체는 분명 기회도 적고 한계가 있다. 이에 반해 1인 미디어는 진입 장벽이 현저히 낮아 몇 가지 장비만 있으면 금세 시청자들과 소통할 수 있다. 판권 등의 제약이 있는 TV와는 달리 해외 팬들과의 소통에도 유연하다. 일부 유명 연예인들은 방송에서 보여주지 못했던 소탈하고 편안한 모습을 팬들에게 어필할 수 있다.

TV에서 주목받지 못했거나, 설 자리를 잃은 연예인들에게도 1인 방송은 새로운 돌파구가 될 수 있다. 1인 미디어는 연예인의 인지도가 방송의 성공과 직결되지 않는다. 일반인이든 연예인이든 콘텐츠 크리에이터의 승부처는 독창성과 지속성이기 때문에 자신의 인기만 믿고 무턱대고 뛰어들다가는 실패하기 십상이다.

개그만 김기수 역시 뷰티 콘텐츠를 만들면서 다시 TV 프로그램에서 활발하게 활동하게 된 경우이다. 영화배우로 활약했던 배우 강은비도 한동안 휴식기를 가지다가 2017년 10월 아프리카 TV BJ로 활동을 시작했다. 유튜브 동영상 콘텐츠를 제작하는 대부분의 연예인들과 달리 BJ로 활동하는 경우는 차별화된 행보라고 볼 수 있다.

이와 같은 영향으로 1인 크리에이터는 향후 계속해서 증가할 것으로 보인다. 한국 전파진흥협회는 2016년 3월 보고서에서 1인 크리에이터를 1,857명으로 파악했고 2017년에는 2,000명, 2019 귀속연도 종합소득을 신고한 미디어 콘텐츠 창작자는 총 2,776명으로 보고되었다. 국내에서는 대기업인 CJ E&M이 창립한 MCN '다이아TV'가 선도사업자로서 크리에이터만 860팀이 소속돼 고용 창출과 산업 성장을 견인하고 있다. 향후 중국이나 대만 등 아시아권에 진출하는 크리에이터가 늘어나면서 산업 규모는 기하급수적으로 성장할 것이다.

SK Broadband가 진행하는
영상과 광고분야의 Young Creator 육성 프로젝트

영상 크리에이터 장기육성 프로젝트	광고 크리에이터 신인발굴 프로젝트
대학생 및 일반인을 대상으로 영상 크리에이터를 선발하고 작품 제작부터 실제 상영까지 전 과정을 지원해주는 장기 육성 프로젝트 (단편영화 / 애니메이션 / 웹드라마)	대학생을 대상으로 광고 크리에이터를 발굴하고 시상하는 신인발굴 프로젝트 (영상/인쇄부문)

그림 22 SK브로드밴드 '비 크리에이터'

한편 미디어 플랫폼 업체들도 이러한 영향을 받아 '1인 크리에이터'에 주목하고 있다. 주문형비디오(VOD)와 온라인동영상서비스(OTT) 등이 대세로 뜨는 콘텐츠 소비시장에서 기존 프로그램과 차별화된 킬러 콘텐츠로 경쟁력을 확보하겠다는 전략이다. SK브로드밴드는 2018년 3월부터 영상·광고 창작자 지원을 위해 총 상금 1억2000만원 규모의 '비 크리에이터'(Be Creator:크리에이터가 되세요)' 공모전을 개최했다. 이날 진행된 영상 부문 발대식은 단편영화와 웹드라마 분야 시나리오 공모를 통해 100대 1에 달하는 경쟁률을 뚫고 선발된 5개 팀을 대상으로 발대 선포 등이 이뤄졌다. [9]

---

9) 착한 소비 유도하고 사회적기업 멘토링…SK브로드밴드의 '특별한 사회공헌'. 한국경제. 2018.10.15

시나리오나 영상 접수로 끝나던 기존 공모전과 달리, 4개월간 시나리오 단계부터 제작 지원하고 스타 감독이 멘토링 해주는 등 아마추어 제작자들에게 필요한 지원을 장기 프로젝트로 진행했다. 총 1억 2000만 원의 상금이 걸린 공모전에서 선발된 우수작품은 SK브로드밴드 미디어 플랫폼인 B tv와 옥수수에서 상영했다.

그림 23 KT 짝쿵TV

KT는 주력인 키즈 분야에서 초등학교 저학년 학생들이 크리에이터로 참여하는 '짝쿵TV'를 2018년 2월 개국했다. 어린이 시청자층의 유튜브 이용이 느는 가운데 어린이 눈높이에 맞춰 또래 크리에이터가 미래 직업이나 게임 등을 소개하는 프로그램이 인기를 얻고 있다. 개국 2주 만에 유튜브 채널 구독자 수가 2만 4000명을 넘었다. 또 KT는 2017년 11월부터 '다이아 TV'와 협업해 웹드라마(3편)을 제작하고 '영국남자' '씬님' 등 인기 크리에이터 방송 3000여 개를 VOD로 제공했다.

케이블TV VOD는 아예 자체 제작 프로그램에 '흥행 보증 크리에이터'들을 영입했다. 2018년 3월 시작한 극장판 애니 큐레이션 프로그램 '애니띵TV'의 MC로 유튜브 스타 '양띵'과 '삼식'을 발탁했다. 양띵과 삼식은 유튜브 구독자가 각각 180만 명, 70만 명에 달하는 인기 크리에이터다. 첫 방송 시청률은 이전 2주 동시간대 평균 시청률보다 554% 늘어났다. 크리에이터의 창의적인 기획력과 진행 방식을 더해 정체된 케이블방송 시장에 활로가 열릴 것으로 기대하고 있다.

네이버는 크리에이터들의 힘으로 글로벌 시장 외연 확대를 노리고 있다. 뷰티 분야 1

인 창작자인 '뷰스타'들이 역량을 강화할 수 있게 오프라인 정규 교육 과정을 신설하고 전용 창작 시설을 늘리고 있다. 현재 네이버에는 구독자 1000명 이상을 보유한 '뷰스타'가 1000명 넘게 활동하고 있다. 2018년 1월부터 선배 크리에이터들이 후배들을 양성하는 '뷰스타 아카데미'가 운영 중이고, 앞으로 동영상 제작 경험이 부족한 뷰스타에게 일대일 멘토링, 선배 뷰스타와의 협업 등도 지원할 계획이다. 또 크리에이터들이 다양하고 참신한 주제로 동영상을 기획할 수 있도록 '하우투 영상'(사용법 등 정보를 짧게 소개한 영상)의 상시 리그도 마련해 해외 시청자들에게 동시 선보일 예정이다.

그림 24 네이버 뷰스타

나. 주제 다양화

현재 1인 미디어가 과거 1인 미디어와 다른 점은 예능 콘텐츠가 많아졌다는 점이다. 스마트폰이 도입되고 대중화되면서 1인 미디어의 대표주자로 알려진 팟캐스트는 정치·시사 분야가 주를 이루었다. 시간이 흐르면서 경계나 제약이 없는 1인 미디어는 교양, 영화, 코미디 등 여러 가지 방송이 시작되었고 게임, 요리, 춤, 노래, 미용, 외국어, 각종 실험, 연주 등 자신이 좋아하거나 즐기는 모든 것들을 가지고 방송이 만들어졌다.

현재 유튜브에는 하루에도 수없이 많은 콘텐츠가 올라오는데 이용자들이 주로 많이 보는 장르는 게임이나 뷰티, 엔터테인먼트, 요리, 어린이와 관련된 것들이다. 그래서 이 분야에는 적게는 수만 명, 많게는 수백만 명의 구독자를 거느린 스타 크리에이터들이 활약하고 있다.

게임과 예능을 결합한 '대도서관', 메이크업 과정을 선보이는 '씬님'은 크리에이터의 대명사로 꼽힐 만큼 유명세를 자랑하는 스타들이다. 게임 채널인 도티와 잠뜰은 캐릭터 상품 어린이나 청소년들에게 폭발적인 인기를 누리고 있으며, 미취학 아동이나 초등학교 저학년 아이를 둔 부모 치고 장난감을 갖고 노는 '캐리'를 모르는 사람은 거의 없을 정도다. 감각적인 댄스 영상을 선보이는 '원밀리언'은 글로벌 팬들까지 가세한 덕분에 800만 명이 넘는 국내 최대 규모의 구독자 수를 자랑한다.

그림 25 도티와 잠뜰   그림 26 캐리

최근에는 잘생긴 외모, 늘씬한 몸매, 프로급 노래 실력 등 연예인의 기본 공식은 찾아볼 수 없고 욕 잘하는 엄마, 화장을 좋아하는 할머니, 애교 많은 남자친구 등등 일상의 자연스러운 캐릭터도 소재가 되고 콘텐츠가 된다. 일반인 크리에이터들은 자신

의 삶을 진솔하게 담은 짤막한 영상으로 유튜브 시청자를 사로잡고 있는 것이다.

'영국남자' '데이브'처럼 한국에서 살면서 겪는 문화 차이와 생활을 담아낸 외국인 이야기, 여행을 가거나 가족·친구들끼리 수다를 떨고 노는 일상, 연인들끼리의 연애, 육아, 애완동물을 돌보는 소소한 생활 영상 등이 일례이다. 엄마와의 추억 만들기를 위해 방송을 시작한 정선호 크리에이터는 '정선호'라는 채널로 특정한 상황에 따른 엄마의 반응과 대화를 주로 올리고 있는데 친근하고 진솔한 이들 모자의 일상에 빠져든 구독자만 300만 명이 넘는다.

영국남자 Korean Englishman

그림 27 영국남자 유튜브

알콩달콩 예쁘게 연애하는 모습을 찍어 콘텐츠를 제공하는 '쏘야쭝야' 채널은 6년째 연예 중인 커플이 주인공이다. 애교 많은 남자친구 영상을 올려봤는데 반응이 좋아 연예전문 채널을 운영하게 되었고 현재 구독자 34만 명을 보유하고 있다.

애완동물의 일상을 보여주는 펫 채널도 인기콘텐츠 중 하나이다. 고양이 일곱 마리를 키우는 내용을 담은 크림히어로즈 채널은 토요일을 제외한 매일 오후 9시에 고양이 모습을 생중계한다. 수리노을은 다섯 마리의 고양이와 함께 생활하는 가족의 일상을 공개한다. 라이브 방송을 통해 애묘인들에게는 고양이를 키우는 것에 대한 정보를 줄 수 있고, 고양이를 키우지 않는 사람한테는 귀여운 재롱을 통해 대리만족을 줄 수 있다.

이처럼 기존 콘텐츠들이 웃고 즐기는 엔터테인먼트 영역이었다면 최근 콘텐츠들은 시사상식 등 지식 탐구와 취미 등의 자기 계발 영역과 다양한 취미활동, 일상생활 등으로 범주를 확대하고 있다.

다. 데이터 분석 정밀화

광고주가 크리에이터 비즈니스를 결정하는 요소는 바로 수치에 있으며 데이터를 기준으로 판단한다. 또한, 데이터 분석을 통해 자사 제품과 브랜드 노출 등의 효과에 대한 정학한 검증을 필요로 할 것이며 이에 대한 수요는 분명히 존재한다.

더군다나 영상 콘텐츠에 대한 정량적인 데이터는 노출량에 근거한 수치적 데이터에 국한되지만 향후 음성, 화면 인식을 통해 데이터를 추출함으로써 반복되는 단어, 노출되는 브랜드 위치와 크기 등의 질적 분석되어야 하는 영역까지 모두 데이터화 될 것이다. 결국, 모든 콘텐츠는 데이터화 되어 분석이 필요하며 정교화하는 과정에서 결과값을 어떻게 내느냐가 중요한 요소가 될 것이다.

1인 미디어의 오디오 영역인 팟캐스트를 제작하면서 가장 많이 듣는 소리는 두 가지다. '왜 하느냐'와 '효과는 어떻게 되냐'인데 이중 효과에 대해 분석하여 안내하기가 쉽지 않다. 1차원적인 설문조사 차원에서 나온 결과로 이야기를 풀어내지만, 이는 한계가 분명하다. 그렇기에 비슷한 대조군인 라디오 광고 효과에 대한 결과와 통계적 근거로 팟캐스트와 유사성을 추론하며 효과를 어필하지만, 상대적이면서 받아들이는 데 한계가 분명하다. 결국 다시 노출되었다 정도에 그치는 결과 값을 말할 수밖에 없기 때문에 이에 대한 노출효과 및 기대 심리는 제한적이다.

사실 이러한 분석의 약점은 발전 가능성을 저해하는 요소 중 하나다. 근거에 대한 피드백이 없기 때문에 소비 순환이 이루어지지 않음은 물론 2차, 3차로 이어지는 경제 유동성이 1차 관문에서 가로막히기 때문이다. 1인 미디어 콘텐츠의 데이터 정교화 작업은 시장의 발전과 변화를 이끌어내는 중요한 작업이 될 것이다. 데이터 분석 기술이 1인 미디어 분야에 적용된다면 변화를 주도할 수 있을 것이다.

라. 실시간성과 현장감의 향상

스마트폰의 보급과 LTE 등 초고속 무선인터넷의 확산은 1인 미디어 서비스에서도 '생방송'을 가능하게 함으로써 보다 역동성이 넘치는 방송을 가능하게 하고 있다. 특히 최근의 스마트폰은 4K 해상도의 고화질 동영상 녹화 기능을 제공하기에 화질 측면에서도 큰 개선을 이루고 있다.

즉, 스마트폰은 이동 방송 제작을 위한 단말로서도 가치가 높아지고 있다. 특히 스마트폰은 항상 소지하고 다니는 필수재가 되고 있다는 점에서, 사고 현장이나 이벤트 등 예상치 못한 상황을 방송하는 매개체가 될 수 있다.

라이브의 가장 큰 장점은 실시간 상호 소통인데 수용자는 이 앱을 이용해 촬영 중인 동영상을 페이스북에 올릴 수 있고 지인들은 이를 실시간으로 감상할 수 있다. 또 방송 중 '좋아요', '최고예요' 등 이모티콘으로 실시간 반응을 보낼 수 있다. 즉흥성과 참여에 대한 욕구는 사람이라면 누구나 가지고 있으며 이러한 점을 기반으로 계속해서 성장할 것이다.

페이스북의 라이브 서비스 전면 확대로 트위터의 페리스코프와 스냅챗의 동영상 서비스, 알파벳의 유튜브 등은 긴장의 끈을 놓지 않고 있다. 월간 15억 명의 수용자를 확보하고 있는 페이스북이 차별화된 전략을 선보일 수 있다는 이유에서다. 국내에서는 아프리카TV와 네이버 V앱 등 관련 서비스들과 전면전으로 맞붙는다.

페이스북의 행보에 언론사들도 라이브 동영상 콘텐츠를 속속 내놓고 있다. SBS 뉴스의 '비디오머그'는 지난달 개설 1년 만에 좋아요 10만을 돌파했다. 비디오머그는 네티즌들이 궁금해할 만한 대형 이슈를 소개하는 '인사이트'와 '블박영상', 그리고 '웹다큐' 동영상 등으로 눈길을 사로잡았고, 실시간 생중계 영상인 '비디오머그 라이브'라는 코너를 신설해 최고 조회 수 16만을 기록하기도 했다. 중앙일보는 '페북 라이브'와 '지식 충전소'에서 바둑기자의 강연과 언론사 지망생들을 위한 채용설명회, 100세 인생을 사는 법 등을 다뤄 큰 반향을 일으켰다. 한국경제도 '뉴스래빗' 페이지에서 '래빗 라이브'라는 코너를 신설해 젊은 층과의 쌍방향 소통을 꾀하고 있다.

방송 리포트 형식을 그대로 페이스북으로 옮겨온 언론사도 있다. JTBC '라이브' 코너는 기자가 직접 롯데월드 타워 꼭대기에 올라가 서울의 미세먼지 상황을 전달하거나 서울 여의도 벚꽃축제, 사전투표장 현장을 다뤘다. 특히 '뉴스룸'에 출연한 배우 임수정이 생중계의 주인공으로 등장해 8만 명 이상의 조회 수를 기록하기도 했다.

구글 글래스와 같은 안경형 웨어러블 단말은 스마트폰보다 더욱 현장감 넘치는 방송을 제공할 수 있게 할 것으로 보인다. 시청자가 마치 현장에 있는 것처럼 생생한 시각적 효과까지 제공할 수 있는 것이다.

물론 아직은 안경형 웨어러블 단말 자체가 활성화가 되지 않아 가능성에 그치고 있지만, 실제로 이를 방송에 활용하기 위한 시도는 이미 등장하고 있다. 미국의 실시간 개인방송 서비스인 Livestream이 2017년 4월 구글 글래스용 방송앱을 출시하였다.15) 착용자는 "OK Glass, Livestream"이라는 음성 명령을 통해 앱을 실행시키고 단말의 측면을 탭(tap)함으로써 현장에서 바로 생생한 화면을 전달할 수 있게 된다.

마. 광고 형태의 변화

광고·마케팅 분야에는 ATL(Above The Line) 즉, 소비자에게 메시지를 일방적으로 전달하는 매체(TV·라디오·신문·잡지·인터넷)를 활용한 마케팅 기법과 BTL(Below The Line)이라는 마케팅 기법이 있다. BTL은 소비자와 양방향 소통이 가능한 마케팅 기법으로 오프라인 이벤트나 프로모션, 텔레마케팅 등의 마케팅 기법을 말한다.

이러한 BLT 기법은 최근 1인 크리에이터들이 효율적으로 사용 가능한 광고 마케팅으로 주목받고 있다. 구독자와 양방향 소통이 가능하면서도, 오프라인이 아닌 온라인 채널이기 때문에 파급력이 매우 크기 때문이다. 또한, 광고주들 입장에서 볼 때 TV 광고와 달리 1인 크리에이터를 활용한 인플루언서 마케팅이 저비용 고효율이기 때문에 아주 매력적으로 느껴진다.

기존에 1인 크리에이터는 자신들이 만든 콘텐츠 시청(View) 수와 콘텐츠 내 삽입된 광고 수익으로 채널을 운영해왔다. 이제 인플루언서 마케팅의 효과를 체감한 광고주들은 직접 1인 미디어 채널에 광고를 의뢰하게 되었고, 1인 미디어는 자체적으로 제품을 판매하는 프로덕션 기능을 수행할 수 있게 되었다.

1인 미디어 채널은 잠재 소비자와 직접 접촉할 수 있어 중간에서 연결해주는 주체가 필요다. 따라서 광고대행사는 미디어와 광고주 사이에서 수수료를 받는 전통적인 수익구조가 아닌 다른 방향으로 진화하게 된다. 이를테면 광고주와 미디어를 연결하는 중간 역할에서 벗어나 이제는 전체적인 프로세스를 관리하는 역할을 수행하는 것이다.

'1인 미디어 방송'을 이용한 기업 광고의 예로 '제일기획'사례가 있다. 제일 기획은 아프리카 TV와 제휴하여 개인방송 콘텐츠 제작자인 BJ 한 명이 광고에 참여하였다. 모바일 다큐멘터리 형식으로 제작된 이 영상은 배포 당일에만 50만 건의 조회 수를 달성하였다. 이 광고가 큰 인기를 얻자 제일기획과 아프리카 TV는 이후에도 여러 가지 컨텐츠들을 함께 만들어나가고 있다. 이는 1인 크리에이터가 대기업 광고에 직접 참여한 최초의 사례로 최신 트렌드를 반영하여 광고에 '1인 미디어 방송'을 적극 활용한 삼성은 호평을 받았다.

1인 미디어 방송을 이용한 광고의 또 다른 사례는 '쉐보레 자동차 시승'이 있다. 한국 GM은 '아프리카 TV'를 통해 가수 김진표와 자동차 블로거가 시승 소감을 생생하게 전달하면서 시청자들로부터 폭발적 인기를 얻었다. 기존의 시승행사와 다르게 '1인 미디어 방송'을 통해 있는 그대로를 시청자들에게 보여주었다는 점에서 사람들은 한

국 GM이 해당 자동차에 대해 큰 자신감을 보여주었다는 평가와 더불어 긍정적인 반응을 보였다. 기존에는 블로그의 포스팅이나 기사만을 통해 시승기 행사 후기를 볼 수 있었던 반면, 1인 미디어 방송을 통해 실시간으로 시승기를 볼 수 있게 되면서 많은 사람들의 관심을 집중시킬 수 있었고 이에 따라 광고 효과도 엄청났다.

신문광고나 TV 광고가 주를 이루었던 과거에 비해 이제는 1인 미디어와 광고를 결합한 사례들이 급증하고 있다. 이러한 광고들은 시간이 지날수록 강세를 보이고 있으며 앞으로도 급속도로 성장할 것으로 전망된다. 이러한 이유로 1인 미디어 방송 시장을 향한 광고업계의 관심도 커질 것이며 다른 매체에 비해 저렴한 가격으로 곳ㅅ율의 광고 효과를 볼 수 있기 때문에 광고기업 간의 경쟁도 치열해질 것으로 분석된다.

그림 28 제일 기획 1인 방송 광고

그림 29 쉐보레 인터넷 생중계

V. 1인 미디어 시장 분석

5. 1인 미디어 시장 분석

유뷰브 등 UCC 플랫폼과 모바일 이용이 확대되면서 1인 방송이 새로운 미디어로 부상하게 되었고 10대와 20대는 기존 TV보다는 PC나 모바일로 각자 취향에 맞는 동영상 콘텐츠를 찾아보는 소비형태를 띠게 되었다. 이로써 1인 미디어 시장은 앞으로 다양한 분야에 걸쳐 확대될 것으로 전망된다.

닐슨의 자료에 보면, TV 시청 비율이 여전히 큰 50대 이상에 비해 10대와 20대는 TV를 통한 방송시청보다 모바일 기기를 통한 동영상 시청 비율이 오히려 더 큰 것으로 나타나고 있다. 이에 따라 최근에는 웹드라마와 웹예능 등 온라인 전용 동영상 제작 및 SNS나 포털을 통한 유통 등 미디어 소비방식이 크게 변화하고 있다.

콘텐츠를 공급자 관점에서 1인 창작자의 콘텐츠(User Creative Contents, UCC)와 기성 콘텐츠(Ready Made Contents, RMC)로 구분해서 소비 정도를 조사한 결과, 10대와 20대를 중심으로 UCC가 주로 소비되는 반면, 기성 콘텐츠는 40대와 50대를 중심으로 소비되는 경향이 뚜렷하다.

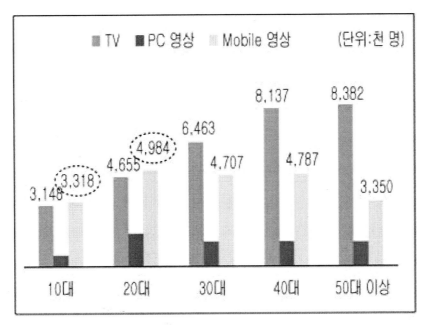

그림 31 연령대별 미디어 소비 행태

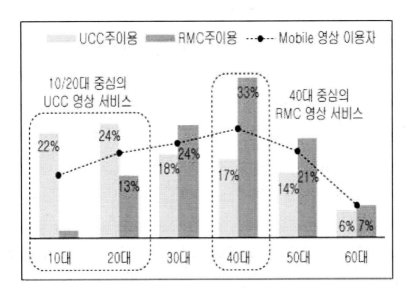

그림 32 연령대별 미디어 소비 행태

이러한 미디어 소비행태의 변화는 광고 산업 규모에도 영향을 미치고 있다. Statista 는 전 세계 디지털 동영상 광고 시장이 2021년까지 연평균 17% 증가하여 2021년에 는 450억 달러에 이를 것으로 전망하고 있다.

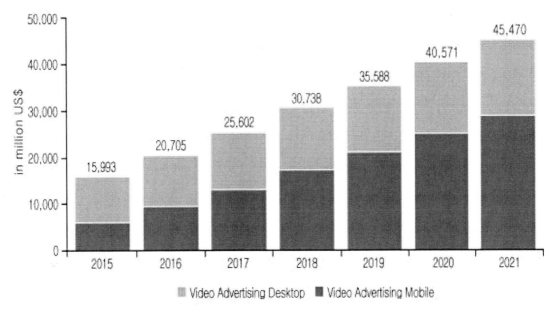

그림 33 전세계 디지털 동영상 광고시장 규모 전망

10)

국내 온라인 광고시장은 2018년 전년대비 16%의 성장률을 보였으며 전체 온라인 광고비는 5조 1,310억 원에 달했다.

---

10) 자료: statista(2016.9)

광고 분야별로 보면 동영상 광고비의 증가가 눈에 띈다. 2018년 동영상 광고 집행 추정치는 9,641 억 원으로써　전년대비 약 41% 증가했다. 또 광고 집행 채널별로 보면 전체 온라인 광고 중 모바일 광고의 비중이 약 60%를 차지해 모바일 대세론을 입증했다.[11]

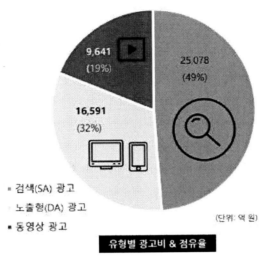

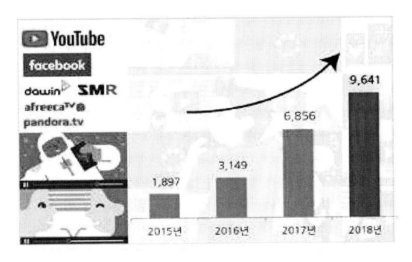

그림 35 동영상 광고비 2015-2018

　또한 2020년 이후 코로나 바이러스로 인한 팬데믹에도 불구하고 2019년 5조원 시대를 연 디지털 광고시장은 여전히 순항중이며 이 시장은 홀로 성장할 것으로 전망했다. 코로나 확산직후 소비자의 모바일과 PC이용이 크게 증가했고 주요 디지털 서비스 이용은 크게 증가한 후 이 기세를 유지하고 있으며 특히 디지털 동영상 이용시간은 직전대비 50% 가까이 증가한 것으로 나타났다.
　닐슨 코리안 클릭 자료에 따르면 유튜브와 인스타그램의 이용자 평균 이용시간은 3월이후 큰 상승세를 보이면서 증가하고 있는데 유튜브 이용시간이 지속적으로 증가하고 있어 모바일 동영상 광고시장의 성장을 가능케하고 있다. 모바일 동영상 광고비는

11) 2018 온라인 광고시장 분석 및 2019전망, 2019.03.14

2019년 전년대비 23.4% 증가한 5800억원대로 집계(제일기획 통계)된 바 있다.[12]

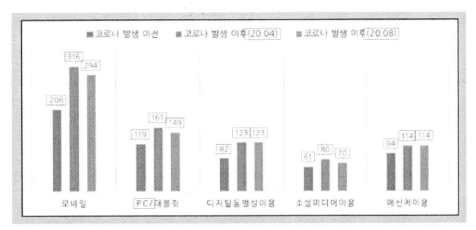

그림 36 코로나19 이전 이후 디지털이용시간 변화 <출처 : 제일기획 >

디지털 동영상 시장의 확대 전망은 '1인 방송' 시장에 긍정적인 신호라 할 수 있다. '1인 방송'은 콘텐츠를 만들어내는 1인 창작자와 콘텐츠를 유통하는 플랫폼으로 구성된다. 여기에 최근 유명 스타 1인 창작자들이 등장하고 이들이 큰 수익을 내면서 1인 창작자들의 기획사라 할 수 있는 MCN 이 등장했다.

구분	MCN	설립연도	보유채널	월 방문자	투자유치
해외	메이커 스튜디오	2009년	6만개	73억명	9억 5,000만 달러
	풀스크린	2011년	150만개	48억명	3억 달러
	머시니마	2007년	1만2,000개	35억명	4,200만 달러
	어섬니스TV	2012년	8만8,000개	23억명	1억 1,700만 달러
	스타일홀	2011년	1만5,000개	15억명	1억 1,700만 달러
국내	다이아TV	2012년	650개	8억 2,000만명	-
	트레저헌터	2011년	150개	1억 9,000만명	157억원

표 5 국내외 주요 MCN 사업자 현황

---

12) 디지털광고시장 코로나19 비대면으로 날개 달았다. 약업 닷컴 2020-10-30

	순위	MCN	채널 수(개)	월 가입자수(천명)	월 조회수(백만건)
글로벌 MCN TOP10	1	roadbandTV	187,623	58,360	13,520
	2	vevo	8,090	27,209	16,469
	3	Fullscreen	50,228	25,503	5,094
	4	Maker Studios	26,188	20,800	5,299
	5	Studio71	10,864	15,300	4,358
	6	YouPartnerVSP	35,248	15,120	2,674
	7	StyleHaul	4,601	11,595	1,975
	8	Freedom!	103,695	10,766	2,512
	9	Machinima	9,682	10,626	3,078
	10	AIR	20,682	10,202	3,005
국내 MCN 랭킹	29	CJ E&M	623	2,163	636
	87	Treasurehunter	114	764	250
	106	MNet	853	612	376
	131	ypentertainment	944	505	187
	213	afreecaTV	93	305	121

표 6 주요 글로벌 MCN 구독 현황

본 장에서는 MCN의 시장 분석을 통해 1인 미디어 산업의 시장을 분석해보고자 한다.

가. 해외

현재 MCN 산업은 상대적으로 일찍 성장한 미국을 중심으로 대규모 인수합병을 통한 투자유치와 시장 확대에 나서고 있다. 거대 미디어 기업들은 MCN 기업을 인수, 합병함으로써 이용자의 이용행태 변화 및 동영상 광고 생태계의 변화에 따른 디지털 동영상 시장의 주도권을 확보하고자 대규모 투자를 진행하고 있다.

리서치기업 Enders Analysis(2015)에 따르면 현재 MCN 산업은 전 세계적으로 1,650억 달러 규모의 인수합병 및 투자가 이루어지고 있으며 이러한 추세는 앞으로 더욱 가속화될 전망이다.

Walt Disney는 Maker Studios를 5억 달러에 인수하여 현재 최대 규모의 인수합병이 이루어졌으며, Dreamworks Animation은 1,500만 달러에 Awesomeness TV를 인수하였다. Warner Bros.는 1,800만 달러를 Machinima에 투자하였다.

국가	MCN	미디어 기업	규모	시기
미국	AwesomenessTV	Dreamworks Animation	$33,000,000인수	2013.5
미국	Maker Studios	Walt Disney	$500,000,000인수	2014.3
미국	Machinima	Warner Bros	$18,000,000투자	2014.3
미국	Tastemade	Scripps Networks Interactive	$25,000,000투자	2014.6
영국	Base79	Rightster	$50,000,000인수	2014.7
미국	Stylehaul	RTL Group (유럽)	$107,000,000인수	2014.11
독일	Collective Digital Studio	ProSiebenSat.1	$83,000,000인수	2015.7

표 7 글로벌 미디어 기업의 MCN 인수 및 투자 현황

이러한 대규모 인수합병은 이용자와 광고주, 동영상 생태계의 변화 등의 원인에 기반한 것으로 분석된다. 젊은 시청자층은 TV보다 온라인 동영상을 더 많이 시청하는 경향이 있는 것으로 조사됐는데, 이 때문에 미국의 동영상 광고비 집행금액이 2012년 이후로 연평균 22.4%의 성장률을 보이며 규모를 키워나가고 있다.

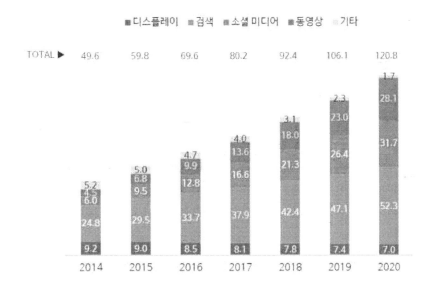

그림 37 미국 디지털 광고 유형별 광고비 규모

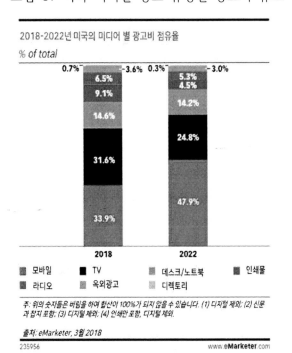

그림 37 2018-2024 미국미디어 유형별 광고비 점유율율모

코로나 이후 모바일 사용량이 급증하게 되면서 전통 광고와 온라인 광고 지출의 격차는 더욱 벌어져 2018 - 2022년 미국 내 매체 별 전체 미디어 광고비 지출 변화를 살펴보면 모바일만이 유일하게점유율이 증가하고 있다. 즉, 기업들은 새로운 디지털 플랫폼들을 계속해서 찾아 적극 수용해야 한다.[13]

또한 유튜브의 독주였던 동영상플랫폼 시장은 페이스북,트위터등의 소셜네트워크서비스(SNS)에서 다양한 동영상 서비스를 도입하면서 새로운 국면을 맞이하게 됐다.

Comscore 조사에 따르면 미국 동영상 인기플랫폼에서 2015년 순위권에 진입한 SNS는 페이스북이 유일했으나, 올해에는 트위터가 증가된 시청자수를 보이며 순위권 내 진입한 것으로 나타났다. DMC미디어는 21일 연구보고서를 통해 "향후 소셜동영상 광고시장은'동영상플랫폼=유튜브'라는 인식에서 벗어나, 동영상 콘텐츠의 가치를 돋보일 수 있는 다양한 플랫폼이 활용될 전망"이라고 말했다.

이에 페이스북, 인스타그램은 소셜동영상에 효과적인 플랫폼을 제공하며 입지를 확보해 나가고 있으며, 성장률 둔화로 난항을 겪던 트위터도 동영상 서비스를 통한 돌파구를 찾아 나섰다. 또 새롭게 등장한 신예 스냅챗은 동영상을 통한 소통을 기반으로 한 독특한 방식으로 존재감을 높여가며 편리한 서비스를 제공해 이목을 끌고 있다.[14]

미국은 전통적인 TV미디어를 통해 젊은층에게 접근하기 어려워짐에 따라 대규모 미디어 기업들이 MCN 인수합병을 통해 온라인 동영상 시장에 진출하고자 한다. 주요 소비자가 젊은 층이기 때문에 광고주들도 TV에서 온라인 매체로 광고 영역을 확장하고 있으며 이러한 경향은 더욱 가속화될 것으로 전망된다.

---

13) 2021년 글로벌 디지털 트렌드 인사이트: 미국 편, Tiffany Ou |General Manager, Americas
14) 동영상 플랫폼 시장, 소셜 위주로 재편되나

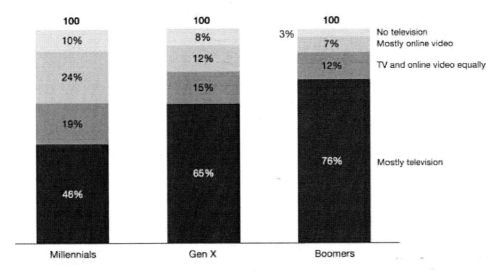

그림 39 미국의 지상파 방송 및 온라인 동영상 서비스 이용형태 비교

15)

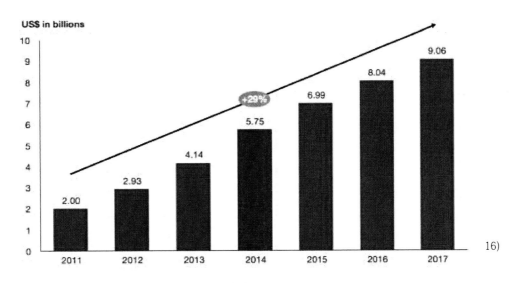

그림 40 미국 온라인 동영상 광고시장 규모

나. 국내

한국전파진흥협회의 2016년 조사에 따르면 국내 유튜브 인기 콘텐츠 1,000의 콘텐츠
를 분석한 결과 MCN 기반의 1인 크리에이터 콘텐츠가 413개로 가장 많은 채널을 보
유하고 있는 것으로 나타났다. 또한, 1,000개의 콘텐츠의 총 뷰(View)수에 따른 총
수익 약 1,000억 원 중 MCN 기반 콘텐츠 수익이 약 314억 원으로 시장에서 가장 높

---

15) 출처: PWC, 2014
16) 출처: PWC, 2014

은 가치를 보이고 있다.

세계적으로 MCN 사업의 성장 가능성이 높게 평가됨에 따라 국내에서도 2015년을 기점으로 MCN 사업자들이 나타나고 있다. 해외의 경우 bottom-up 방식의 MCN 산업 도입이 이루어진 반면 국내 MCN 사업은 top-down 방식으로 도입되었다.[17]

해외 MCN의 경우, 크리에이터들이 유튜브를 통해 동영상 콘텐츠에 대한 수익성을 확인한 뒤 자체적으로 팀을 형성함으로써 처음 사업이 시작되었다. 팀 단위에서 크루 단위로 규모를 확장함과 동시에 대내외적인 지원에 대한 필요성과 사업성이 맞물려 MCN산업이 생겨난 것이다. 이후 거대 미디어 기업에 의해 인수합병 혹은 투자되며 지금의 MCN으로 발전되어 bottom-up형태로 설명될 수 있다.

반면 국내의 경우, 해외 사례의 벤치마킹을 통해 MCN산업의 가능성을 확인한 기업들이 MCN 시장을 형성한 후 경쟁적으로 크리에이터를 섭외한 top-down형태이다. 해외 MCN의 경우 메이저 미디어들이 MCN을 인수하거나 인수 합병하는 식으로 사업에 진출하였던 것과 다르게 국내의 경우 기존 메이저 미디어 기업 서비스 기업, 플랫폼 기업 등이 직접 MCN사업에 진출하였다.

현재 국내에서 가장 대표적인 MCN사업자는 CJ E&M이 설립한 다이아 TV로서 약 650개의 1인 크리에이터 팀을 보유하고 있다. 다이아 TV소속의 크리에이터들의 채널 구독자 수는 3,600만 명을 넘었으며, 월간 총 조회수도 8억 2000만 뷰를 돌파했다.

트레저헌터 역시 대표적인 MCN사업자로서 현재 약 150여명의 크리에이터를 보유하고 있으며, 2015년 창업 후 그 영향력과 가능성을 인정받아 약 67억 원 규모의 투자 유치에 성공하였다. 투자유치를 통해 크리에이터 전용 스튜디오 개설하여 1인 미디어 지원 사업에 많은 노력을 기울이고 있다. 또한 중국 뉴미디어 기업과의 파트너십을 체결하여 중국 온라인 콘텐츠 시장에도 진출하고 있다.

---

17) 조영신, 2015.08.20

그림 41 국내 인기 1인 크리에이터

최근에는 플랫폼 기업인 주요 포털업체도 MCN 사업에 본격적으로 진입하였다. 카카오와 네이버 등도 자체 온라인 TV 채널을 출시하였다. 네이버는 '네이버 TV'를 출시하여 1인 방송 크리에이터들의 방송제작을 지원하며, 이용자들은 스마트폰 앱으로 고화질의 동영상을 시청할 수 있게 되었다.

카카오는 '카카오 TV'를 출시하여 1인 제작자가 만든 동영상을 카카오톡으로 공유할 수 있도록 하였다. 카카오 TV의 또 다른 특징은 카카오톡의 기업용 계정 '플러스 친구'와 연동된다는 점이다. 카카오톡 플러스 친구에 동영상 채널을 추가하면 해당 채널의 라이브 방송과 업데이트된 영상을 카카오톡에서 바로 확인할 수 있다.

18) <1인 미디어 산업의 현황 및 전망>, DMC MEDIA

그림 42 통합 카카오 TV의 서비스 화면

이처럼 포털업체들도 MCN 사업에 참여함에 따라 1인 미디어 및 MCN사업에서 기존 미디어와 뉴 미디어 간의 경쟁구도가 형성되고 있는 상황이다. 또한, 모바일을 통한 영상 콘텐츠에 대한 수요가 증가하면서, 이동통신사에서도 MCN사업에 대한 많은 관심을 보이며 1인 미디어 콘텐츠 발굴과 플랫폼 구축에 활발하게 투자하고 있다.

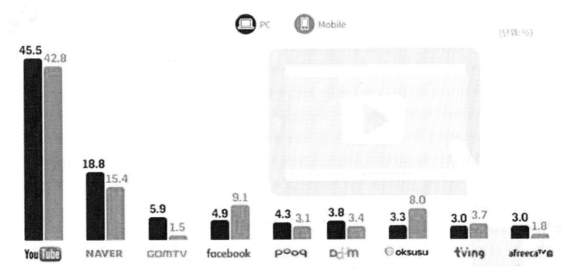

그림 43 인터넷 동영상 주 시청 매체

20)

───────────────

19) 출저: 카카오
20) 2017 인터넷 동영상 시청 행태 및 동영상광고 효과분석 보고서, DMC미디어

2015년 LG유플러스는 1인 크리에이터들이 만든 방송을 TV에서 볼 수 있는 MCN 큐레이션 서비스를 제공하였다. 최근에는 IPTV서비스 U+tv에서 BJ의 유튜브 콘텐츠를 가상채널로 편성하여 간편하게 감상할 수 있는 'U+tv유튜브 채널'서비스를 시작하였다.

그림 44 LG U+tv 유튜브 채널 서비스

KT도 1인 미디어 시장 선점을 위해 동영상 플랫폼인 '두비두(dovido)'를 출시하였다. 두비두는 스마트폰을 이용하여 누구나 쉽게 영상을 제작, 공유할 수 있도록 촬영 가이드, 탬플릿, 자막 및 배경음악 등을 제공한다. 또한, 시청자가 동영상 콘텐츠를 시청하면서 화면에 나오는 상품을 바로 구매할 수 있다. 이에 따라 콘텐츠 제작자는 전체 상품판매액의 3~5%를 수익으로 가져갈 수 있는 등 광고수익 이외에 상품수익도 발생한다는 점이 기존 플랫폼과 차별화된 수익 모델이다.

디지털 동영상 시장의 확대는 MCN 산업의 확대도 가져올 전망이다. 소셜 블레이드닷컴에 따르면 유튜브를 통해 콘텐츠를 유통하는 MCN사업자 중 월 가입자 수가 가장 많은 곳은 브로드밴드 TV다. 2017년 6월 15일 기준으로 채널만 23만 6665개를 보유한 브로드밴드 TV는 월 가입자는 7123만 4504명이며 월 조회 수는 189억 1099만 건에 달한다.

국내 업체 중에선 연예기획사와 음악 유통업체를 제외하면 CJ E&M과 트레져헌터가 전 세계 MCN 월 가입자 수 기준 톱 200위 안에 들었다. CJ E&M은 80위(105만 4312명), 트레져 헌터는 188위(45만 6371명)다.

이 중에서 CJ E&M의 성장이 돋보이는데 2013년 7월 국내 기업 중 처음으로 크리에이터 지원 사업을 시작한 이 회사는 다이아 TV란 브랜드를 통해 MCN사업을 공고히 하고 있다.

구독자 100만 이상을 보유한 유명 크리에이터로는 대도서관(게임)·밴쯔(푸드)·씬님(뷰티)·원밀리언(뮤직)·허팝(키즈) 등 7팀이 있다. 다이아 티비는 유튜브로 집계한 월간 총 조회수 35억회 중 해외에서 발생한 조회수가 60% 이상을 달성해 글로벌 활약이 가속화하고 있다고 2019년5월15일 밝혔다.

다이아 티비의 다국적 크리에이터는 40개국 350여 개 팀에 달해 전체 파트너 1400개 팀의 25%에 달한다. '펑티모(중국)', '토기모치(일본)', '창메이크업(베트남)' 등 외국인 창작자와 체리혜리(베트남)·써니다혜(인도네시아)와 같이 해외에서 활동하는 한국인 창작자를 합한 수치다.

2015년 1월 설립된 스타트업 트레져헌터는 양띵(게임)·악어(게임)·김이브(토크) 등 유명 크리에이터를 통해 빠르게 기반을 구축했다. 트레져헌터는 최근 '트레져아일랜드'를 설립하며 내부 사업팀을 자회사로 독립시켰다. 회사 소속 크리에이터인 '꾹TV'를 중심으로 키즈 콘텐츠 사업, 브랜드 파트너십 계약, 지적 재산권(IP) 발굴 등 엔터테인먼트 콘텐츠 위주로 사업을 확장하려는 움직임이다. 우수 크리에이터도 추가로 영입해 콘텐츠의 질을 높여나간다는 계획이 있다.

1인 방송의 산실 아프리카 TV도 플랫폼뿐만 아니라 MCN 사업자 역할도 하고 있다. 이 회사는 '파트너 BJ'란 제도로 크리에이터를 육성·관리하고 있는데 현재 남순(토크)·엠브로(먹방)등 유명 크리에이터를 포함해 총 70팀이 있다.

크리에이터 60팀을 보유한 스타트업 비디오빌리지도 2015년 7월 6억 원의 투자를 유치한 뒤 2017년 2월까지 회사 누적 매출이 30억 원에 달할 만큼 빠른 속도로 성장했다. 구독자 수는 1800만 명, 월간 조회 수는 1억 3000만 건이다. 안재억(안재억의 재밌는 인생) 외 허민진(허만두의 야무진 하루), 조섭(섭이는 못말려), 변승주(남고딩의 흔한 일상) 등이 소속돼 있다. 최근엔 여성을 위한, 남성을 위한 각각의 채널을 개설하며 콘텐츠의 차별화를 꾀하고 있다.

MCN 산업은 현재 큰 규모로 성장했지만 아직 '시작 단계'에 불과하다는 의견이 지배적이다. 업계에 따르면 국내 1인 미디어 시장은 해외만큼 성숙기에 도달하지 않았다. 현재 1인 미디어 시장규모는 2000억 원가량으로 추정되며, 2023년에는 8조원 규모로 성장할 전망이다.[21]

---

21) 1인 미디어, 시장을 진단하다. 비디오플러스, 2020-01-07

VI. 1인 미디어 관련 기업

6. 1인 미디어 관련기업

가. MCN

MCN은 Multi Channel Network (다중채널 네트워크)의 줄임말로 "개인 동영상 콘텐츠 창장자(채널)와 연계하여 기획, 유통, 마케팅/홍보, 시설/장비, 저작권 관리, 수익 관리, 파트너 관리, 교육 등을 지원하는 시스템 혹은 사업자"를 의미한다.

2005년 유튜브가 들어오고, 우리나라에 아프리카 TV가 생기면서 1인 미디어가 발달했고 그에 따라 수익이 많아지는 크리에이터들이 생겨나기 시작하면서 이들을 묶어 관리해주는 곳이 생긴 것이 MCN의 시초이다.

여러 유튜브 크리에이터 채널이 계약해 구성한 MCN은 제품, 프로그램 기획, 결제, 교차 프로모션, 파트너관리, 디지털 저작권 관리, 수익 창출·판매 및 잠재고객 개발 등의 영역을 콘텐츠 제작자에게 지원하는 역할을 수행한다. 크리에이터들이 특정 MCN과 계약하면 그 MCN의 소속이 되어 관리를 받게 된다.

본 장에서는 국내외 MCN기업들의 현황을 살펴본다.

1) 국외

가) 메이커 스튜디오(미국)

그림 46 메이커 스튜디오

2009년 설립된 메이커스튜디오는 2006년 유튜브를 통해 시작된 MCN이며, 100여 개 국가에 걸쳐 5만 9,000여 명의 1인 제작자들과 제휴를 체결한 미국 최대 규모의 기업이다. 메이커스튜디오가 제공하는 콘텐츠는 평균 65억 회 이상의 재생 횟수를 기록하고 있다. 유튜브 플랫폼을 통해 총 8억 2,000만 명의 구독자를 확보하고 있으며, 2009년 설립 이래 총 1,850억 회의 조회 수, 월 평균 39억 회의 조회 수를 기록하고 있다. (2015년 11월 기준) 이는 유튜브 전체 트래픽의 5%에 해당하는 지표이며 이

중 40%가 모바일에서 발생하고 있다.

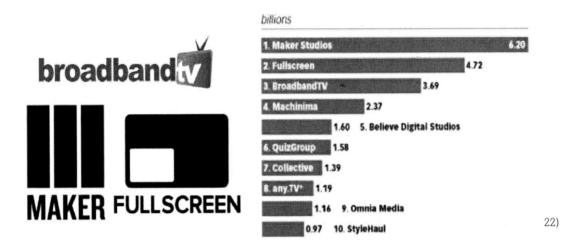

그림 47 유튜브 조회수 기준 글로벌 MCN 순위(2015년 6월 기준)

프로그램은 게임과 스포츠, 패션과 뷰티 등의 '라이프스타일', 카툰과 애니메이션, 음악 등을 다루는 '가족' 및 '엔터테인먼트' 등 총 4개의 섹션으로 구분되어 운영되어왔다. 하지만 2017년 2월 디즈니는 '디즈니 디지털 네트워크'라는 신규 조직을 만들어 메이커 스튜디오를 흡수하는 방식의 조직 개편을 실시했으며, 현재는 크리에이터들의 재조직을 통해 프로그램 편성이 진행 중이다.

2014년 3월 글로벌 미디어 기업인 Walt Disney에 의해 5억 달러에 인수되었으며, 수익 목표 달성 시 4억 5천만 달러를 추가 지급하는 조건으로 역대 MCN 최고 금액의 인수합병이 이루어졌다. 디즈니는 Maker Studios를 인수함으로써 IT산업 분야로 서비스를 확장할 수 있는 기회를 얻었으며, 기존 방송의 제작사가 구축할 수 없는 대규모 인터넷 소비자를 보유하게 되었다.

모기업 Disney의 Mouse House 브랜드인 Lucasiflm, Pixar, Marvel, ESPN, ABC, Disney의 콘텐츠를 독점적으로 제공하여, 유튜브를 뛰어넘는 유통 플랫폼으로의 성장을 목표로 2014년 5월 자체 유통 플랫폼인 maker.tv를 런칭하여 유튜브에 제공하지 않는 프리미엄 오리지널 콘텐츠를 제공하기 시작했다.

2015년부터는 주 수입원인 유튜브 광고수익에 대한 의존도를 낮추고, 유통 플랫폼을 다각화하기 위해 비메오(Vimeo), Vessel 등의 온라인 동영상 공유 사이트와 콘텐츠

---

22) 출처: eMarketer.com

제공 계약을 체결하기도 하였다.

또한 Maker_Labs 프로젝트를 통해 온라인 동영상 콘텐츠 시청자 데이터 분석 결과를 토대로 제작자와 광고주가 함께 콘텐츠 기획, 제작, 유통에 참여하는 새로운 모델을 제시하기도 하였다.

나) 어썸니스 TV(미국)

그림 48 어썸니스 TV

미국 LA에 위치한 어썸니스는 2012년 12월 설립되었고, 현재 전 세계의 유튜브 크리에이터가 약 90,000명 소속되어 있다. 10대를 주요 타깃으로 온라인 스트리밍 콘텐츠를 제공하여 인기를 누리고 있는 대표적인 MCN 스타트업으로, 150만 이상의 구독자와 17억 이상의 뷰를 가지고 있는, 미국에서 가장 큰 MCN 기업 중 하나다.

설립한 지 1년 만에 드림웍스에게 3천 3백만 달러(한화 약 390억)라는 어마어마한 금액에 인수되었고 드림웍스가 약 51%의 지분을 가지고 있다. 2016년에는 미국 최대이동통신사인 버라이존이 어썸니스 TV의 24.5% 지분을 인수했다. 이후 버라이존의비디오 플랫폼 go90을 통해 어썸니스 TV의 콘텐츠를 스트리밍 서비스로 제공할 예정이라고 밝혔다.

현재 어썸니스 TV는 기존 소속 크리에이터들의 관리 차원을 넘어 이들과 함께 자체콘텐츠를 제작해 유튜브 뿐 아니라 TV방송, 모바일 스트리밍 서비스 등 다양한 플랫폼으로 확장을 계획 중이다.

어썸니스 TV는 드림웍스로부터 인수된 다음 해인 지난 2013년 6~12세를 위한 드림웍스 TV를 런칭했으며, 2013년 7월과 2014년 5월에는 키즈 전용 케이블 채널인 니켈로디온(Nickelodeon)을 통해 리얼리티 프로그램 '어썸니스 TV'를 방영했다.

또한, 자체 제작 콘텐츠인 시트콤 '리치 리치(Richie Rich)'를 넷플릭스를 통해 배급했으며, 2014년에는 코미디 영화 '익스펠드(Expelled)'를 넷플릭스, 아이튠즈, 구글플레이, 컴캐스트, 버라이존, X박스 등의 플랫폼을 통해 개봉했다.

다) Machinima(미국)

그림 49 머시니마 로고

머시니마(Machnima)는 2007년 9월에 설립된 기계(Machine), 영화(Cinema) 그리고 애니메이션(Animation)을 합성해 명명한 게임 콘텐츠 전문 MCN 기업이다. 게임을 기반으로 그 속에 사용된 컴퓨터 그래픽(CG)내의 3D모델과 배경 등을 활용해 제작된 일종의 팬무비 애니메이션을 전문으로 다룬다.

머시니마는 타 MCN 기업과 달리 처음부터 '게임'이라는 콘텐츠에 집중한 점이 특징이다. 세계에서 돈을 가장 많이 버는 게임 유튜버 'Pewdiepie'도 한때 머시니마 소속 크리에이터였다.

주로 게임 엔진, 그래픽, 스토리 등을 위주로 20~30대 남성을 타깃으로 삼고 있으며, 전통미디어인 워너브라더스와 구글 벤처스로부터 6800만 달러를 투자 받았다. 유튜브 외에도 트위터, 페이스북, 인스타그램과 같은 소셜 미디어와 비메오(Vimeo), 베셀(Vessel), iOS와 안드로이드, 플레이스테이션 등 다양한 플랫폼과 경로를 통해서 콘텐츠를 제공, 유통시키고 있다. 현재 3만 개 이상의 채널을 보유하고 있으며 매달 1억 5000이 넘는 시청 뷰를 기록하고 있다.

초기에는 단순히 사용자들이 온라인 게임화면을 녹화해 중요한 장면이나 기술 등을 공유하는 수준에 그쳤으나, 점차 시나리오와 연출이 가미되는 등 점점 진화하는 모습을 보였으며, 머시니마 필름 페스티벌 등 관련 국제 영화제도 개최한 바 있다.

주요 투자사였던 워너브라더스는 2016년 머시니마를 인수하여 디지털 분야의 고객을 확보하면서 미래의 성장 동력을 확보하게 되었다.

라) Fullscreen(미국)

그림 50 풀스크린 로고

풀스크린(Fullscreen)은 2011년 1월 설립한 이래 전 세계 약 7만 명의 1인 제작자들과 제휴를 체결한 미국의 대표적인 MCN이다. 유튜브의 파트너스 프로그램을 공동으로 만들었던 조지 스트롬폴로스(Geroge Strompolos)가 창립했다. 10~20대를 대상으로 코미디, 게임, 음악 콘텐츠를 제공하고 있으며, 전 세계 6억 명 이상의 구독자를 보유하고 있다.

2014년 9월 미국 대표 통신사인 AT&T와 미디어 기업 The Chemin Group의 합작회사인 Otter Media에 의해 인수되었으며 인수금액은 공개되지 않았다. Otter Media는 약 5억 달러의 투자금액으로 설립된 합작회사로 글로벌 OTT서비스를 운영하는 회사이다. 창립자 조지 스트롬폴로스가 지속해서 회사를 운영하며, 풀스크린의 물리적 소유권(material ownership) 또한 CEO인 George Strompolos에게 속하는 조건으로 계약을 체결했다.

풀스크린 콘텐츠의 특성은 음악, 코미다, 게임, 애니메이션 채널과 함께 기존의 TV나 영화제작사가 만든 콘텐츠도 제공한다는 점이다. 풀스크린은 현재 '크리에이터(For Creators)', '기업(For Brands)', '팬(For Fans)' 등 3개의 파트로 나누어 운영 중이다. 크리에이터 파트는 자사 콘텐츠 플랫폼을 통해 1인 제작자들이 필요한 기술과 포럼 등의 운영을 지원하며, 기업 파트는 소셜 제작을 통한 마케팅 캠페인 지원 및 시청자 인사이트를 제공한다. 팬 파트는 INTOUR, RTX, SGC 등 소셜 페스티벌 및 게임 이벤트를 개최하고 있다.

풀스크린은 온라인과 모바일 환경에 익숙한 젊은 층을 타깃으로 하기 때문에 기존 온라인 스트리밍 서비스인 넷플릭스(Netflix)나 아마존(Amazon)과는 차별화된 포지셔닝을 한다. 기성 및 신인 작가, 감독, 배우들과 함께 오리지널 콘텐츠, 즉흥 영상, 영화, 팟캐스트, 사설 등 다양한 포맷의 실험적인 콘텐츠를 제공할 예정이다.

또한, 주요 글로벌 기업을 대상으로 미디어 컨설팅 프로젝트를 수행하고 있다. 고유기술을 바탕으로 시청자의 성향을 분석하여 기업이나 시장에 판매하는 미디어 컨설팅 서비스를 제공한다. 구체적으로 특화된 UGC 콘텐츠를 제작하거나 채널을 운영하여

영향력 있는 시청자를 활성화 시키고 있다.

미디어 기업인 Mtv, NBC, Universal, Lifetime 뿐만 아니라 GE, Ford, American Express, BudLight, Chase Bank, Estee Lauder, McDonalds 등 다양한 글로벌 기업과 프로젝트를 수행하기도 하였다.

Universal 제작 영화 'Oujia'의 홍보를 위해 흉가에서 실종된 유튜브스타 'Kian' 찾기 캠페인 영상을 제작해 480만 뷰를 기록하면서 팬들의 참여를 유도하였다. 또한, Lifetime의 쇼 프로그램 'Project Runway'의 홍보를 위해 프로그램 콘텐츠에 대한 UGC를 제작하여 지속적인 시청 및 버즈를 이끌어냈으며, GE 역시 계약을 체결하여 슬로우 모션 영상을 제작해 GE유튜브 채널 구독자가 급격히 증가하는 성과를 얻었다.

그림51Universal 'Oujia'홍보 캠페인(좌), Lifetime Project Runway캠페인 UGC(우)

소속 채널	장르	주요내용	구독자 및 조회 수
Grace Helbig	생활	배우이자 코미디언 유튜브 스타인 Grace Helbig의 채널로 각종 생활 정보 및 팁 관련 영상 제공.	2,864,398명 321,658,015회
Fine Brothers Entertainment	코미디	각종 이슈에 대한 리액션 비디오와 코메디 시리즈를 제작하는 Benny&Rafi Fine 형제의 채널로, 신규 콘텐츠에 대한 제작 투자를 조건으로 Fullscreen과 채널 계약을 체결함.	19,206,909명 8,005,501,837회
devin supertramp	스포츠	미국 영상 아티스트 Devin Graham의 채널로 직접 촬영한 고화질의 어드벤처 및 익스트림 스포츠 영상을 제공.	5,472,210명 1,247,678,982회
Andrea Russett	생활	Andrea Russett은 초기 유명 팝송들의 뮤직비디오와 자신의 의견을 공유하며 유명해졌으며 현재는 일상생활에 로깅하는 영상을 제공	2,991,703명 252,738,218회
Lohanthony	생활	16 Anthony 세 틴에이저 유튜버 Quintal의 채널로 연애 일상생활에 대한 영상 제공	1,341,795명 97,769,903회
Jack&Jack Videos	음악	미국 팝 랩 듀오 - Jack Johnson & Jack Gilinsky의 채널로 초기에는 코믹한 영상으로 인기를 끌었으나 현재는 음악 영상에 집중함.	1,872,085명 213,692,096회

표 8 Fullscreen 소속 대표 1인 제작자

마) VEVO(미국)

그림 52 vevo 로고

베보(VEVO)는 2009년 유니버설뮤직, 소니뮤직, EMI의 모회사인 아부다비미디어 등 미국의 대형 음반사가 세운 합자기업(Joint Venture)이다. 뮤직 비디오 웹사이트를 운영하며 음악 콘텐츠 관련 수익사업을 진행하고 있다. 아울러 유명 뮤지션의 콘텐츠를 실시간 생중계하거나 스폰서십 계약을 맺어 콘서트를 여는 등 다양한 공연 사업을 벌이고 있다.

베보는 대표적인 뮤직비디오 케이블 채널 엠넷(Mnet)의 강력한 경쟁자로 여겨질 만큼 영향력이 크고 브랜드 가치가 높다. 그래서 유튜브 베보 브랜드(VEVO-branded) 채널 내의 광고 CPM이 다른 MCN에 비해 높은 것으로 알려져 있다.

Vevo는 개인이 아니더라도 음악과 관련된 단체가 있다면 채널을 가질 수 있다. 대표적으로 디즈니 채널이 있는데 업로드된 영상의 가수들은 제각각 다르고 디즈니의 드라마 이름이 가수 이름 대신 대표되기도 한다. 우리나라 가수는 드물지만 VEVO채널이 있는 가수들이 있다. 김보경, 카라, WA$$UP, 크레용팝, AOA, 방탄소년단, DΞΔN 등 일본 시장에 진출하여 싱글을 낸 가수들이 이에 속한다.

바) Broadband TV(캐나다)

그림 53 브로드밴드 TV 로고

Broadband TV는 캐나다에 본사를 둔 MCN으로, 전 세계 2만 6,000여 명의 1인 제작자들과 제휴한 세계 순위 3위의 MCN이며 현재 가장 빠른 성장세를 보이고 있다. 유튜브 플랫폼을 통해 총 5억 명의 구독자를 확보하고 있으며, 월 평균 조회수는 50억 회에 달한다.(2015년 11월 기준)

2013년 6월 유럽 미디어 기업인 RTL Group으로부터 3,600만 달러의 투자를 받은 이후 NBA, Frementle Media, Social Blade 등 다양한 미디어 기업과 파트너십 계약을 체결하여 사업을 확장 중이다.

형태	회사명	내용	시기
파트너십	BMG	음반 제작사인 합작 투자하여 BMG와 합작투자하여 Windfall설립, 음반 제작 및 온라인 배급, 수익을 창출하는 종합 솔루션을 제공.	2015.07
파트너십	The Huffington Post	블로그 뉴스기업 The Huffington Post와 합작투자하여 Outspeak 설립, 영상으로 뉴스를 전하는 시민기자들의 네트워크 역할.	2015.06
인수	YoBoHo	미취학아동 및 K-12를 타겟으로 콘텐츠를 제작하는 HooplaKidz를 인수. ※HooplaKidz 8,000여 개의 영상, 150만명 이상의 구독자수를 보유한 유튜브 최대 키즈 콘텐츠 브랜드.	2015.04
파트너십	Social Blade	최대 유튜브 분석데이터 사이트 Social Blade 와의 파트너십 체결.	2015.03
파트너십	Fremantle Media	TV제작사 Fremantle Media와 파트너십 체결, 공동으로 엔터테인먼트, 게임, 음악 장르의 영상 제작에 참여함.	2014.09
파트너십	The NBA	NBA는 유튜브의 최대 프로 스포츠 채널로, 팬들이 업로드한 NBA 영상에 대한 권한 관리 (rights-management) 계약을 체결함.	2014.08
투자	RTL Group	유럽 미디어 기업인 RTL Group으로부터 3,600만 달러 투자 유치, 이는 캐나다 미디어 기업이 받은 최대 투자 규모임.	2013.06

표 9 Broadband TV의 파트너십·인수·투자 현황

23)

---

23) <국내외 MVN 산업 동향 및 기업 실태조사 보고서>, 한국전파진흥협회(2016)

영상과 IT기술에 특화된 Tech-Media 회사로서 각 분야의 프리미엄 브랜드(서브 네트워크)를 런칭하여 관리·운영 중이다. 영상 분야는 Opposition(힙합), WIMSIC(전자음악), TGN(게임), kandesa(라이프스타일), Outspeak(뉴스), HooplaKidz(키즈)가 있고, IT기술은 VISO Catalyst, VISO NOVI 등의 브랜드가 있다.

브로드밴드 TV는 테크놀로지 특화 기업으로 온라인 종합솔루션 VISO Catalyst, VISO NOVI, VISO Magnetics를 운영하고 있다. VISO Catalyst는 소속 제작자에게 모두 제공되는 데이터 분석 플랫폼으로 고유한 기술을 바탕으로 1인 제작자들이 온라인에 최적화된 콘텐츠, 시청자들의 유입을 촉진시키는 콘텐츠를 제작할 수 있도록 통계 데이터, 콜라보레이션, 언어, 섬네일 편집 서비스를 지원하는 솔루션이다.

VISO NOVI는 서비스 E2E(End to End) 플랫폼으로 오리지널 콘텐츠를 보유한 기업이 웹 상에서 팬들이 업로드한 자신의 콘텐츠를 검색, 관리, 분석할 수 있는 기업 솔루션이며, VISO Magnetics는 기업을 위한 마케팅 플랫폼으로 광고주들과 소속1인 제작자, 나아가 수백만 명의 구독자를 연결하는 솔루션이다.

장르	브랜드	주요내용	구독자 및 조회수
힙합	Opposition	유튜브 최대 힙합 네트워크로 아티스트, 프로듀서, 레이블, 블로그를 네트워크하여 힙합 관련 영상 제공.	27,863명 871,465회
전자 음악	WIMSIC	유튜브 최대 EDM 네트워크로 소속 아티스트들의 최신 영상 제공	N/A
게임	TGN	유튜브 대표 게임 네트워크 중 하나로 게임 플레이 영상 및 각종 게임 정보, 커뮤니티 제공	746,075명 165,735,546회
라이프 스타일	kandesa	여성 라이프스타일 네트워크로 스타일, 뷰티 튜토리얼, 건강정보 영상 제공 ※브라질, 러시아, 포르투갈 등 현지 채널 운영	13,637명 332,768회
뉴스	Outspeak	허핑턴포스트와 합작한 영상 저널리즘 네트워크로 정치, 경제, IT, 연예 등 다양한 분야의 영상뉴스 제공	N/A
키즈	HooplaKidz	유튜브 대표 키즈 콘텐츠 네트워크로 The Adventures of Annie & Ben 등 오리지널 콘텐츠와 어린이, 가족 제작자들이 제작한 영상 제공	1,759,896명 1,475,007,690회

표 10 Broadband TV의 대표 브랜드 및 채널 현황

사) Zoomin TV(네덜란드)

그림 54 Zoomin TV 로고

2002년 설립된 Zoomin TV는 네덜란드의 암스테르담에 본사를 두고 있으며, 규모 면에서 현재 세계에서 5번째로 큰 MCN이자 유럽 최대 규모의 MCN 회사이다. 2015년 6월 스웨덴의 미디어 그룹인 MTG(Modern Times Group)가 Zoomin TV의 온라인 비디오 엔터테인먼트 네트워크와 콘텐츠 생산 및 광고 판매/영업의 51%의 지분을 인수하였다.

Zoomin TV는 2010년부터 5년여 동안 평균 매출액이 36% 증가했으며 2014년에는 76%까지 수익이 증가한 바 있다. 유튜브는 물론 프랑스 동영상 공유 사이트인 데일리모션(Daily motion), Yahoo, AOL , De Telegraaf, Europa Press 등의 유럽 언론사를 포함하여 2,000여 개의 파트너십 네트워크를 보유하고 있어 프리미엄 콘텐츠 제작자들의 동영상 유포에 용이하다.

2015년 7월 기준 유튜브를 통해 약 1억 명 이상의 구독자를 확보하고 있으며 하루 평균 400개 이상의 프리미엄 동영상(premiun short clips)이 생산되고 있다. 유튜브를 통해 이용한 순 방문자 수는 월평균 1억 7100만 명 정도이며 동영상 조회 수는 약 22억 회 정도이다. 모바일을 통해 접속한 경우의 동영상 조회 수는 월평균 1억 7800만 명 정도로 집계된다. 주 이용자층을 살펴보면, 여성보다 남성이 더 많이 이용하고 있으며 45~54세의 중년층이 더 많이 이용하는 것으로 나타났다.[24]

---

24) Zoomin.TV database, 2015

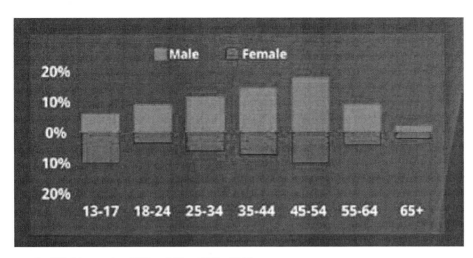

그림 55 Zoomin TV 이용 연령 현황

현재 전 세계 8,000여 명의 1인 제작자들로부터 4만개의 채널에서 17개국의 언어로 비디오 콘텐츠를 제공하고 있으며, 보유 채널들은 6개 장르, 26개 콘텐츠 카테고리로 구분한다. 하루 400개 이상의 프리미엄 동영상이 생산되고 있다.

News	• International News • National News	
Sport	• Soccer • Motor Sport • Basketball	• Cycling • Extreme Sports
Entertainment	• Celebrity • Culture • Music	• Movies • Games
Lifestyle	• Travel • Fashion	• Food
offbeat	• Funny • Quirky	• Strange • Viral
Special interest	• Finance • Business • Science • Technology	• Kids • Weather • Top 5

표 11 Zoomin. TV 콘텐츠 카테고리

Zoomin TV는 콘텐츠 제작자들을 비디오 저널리스트(video journalists)로 명명할 만큼 저널리스트로서의 성향을 강조하는 경향이 있다. 따라서 해당 카테고리 내에서 다양한 주제를 편집하지 않고 간단하게 만든 로푸티지(raw footage)영상을 제공할 수 있는 현지 프리랜서 비디오 저널리스트를 선호한다.

2016년 2월 MTG는 스칸디나비아 반도 1위 MCN인 Splay와 북미/유럽 e스포츠 리그인 ESL(Electronic Sports League)에 투자를 발표한 후 Zoomin.TV의 지분까지 51%를 인수하며 디지털 엔터테인먼트 사업에 집중하고 있어 Zoomin.TV에 상당한 영향을 미칠 것으로 예상된다.

온라인 게임 비디오 콘텐츠는 Zoomin.TV의 주요 카테고리로 높은 시청률과 수익화율을 이끌고 있다. 이미 독자적으로 4억 6800백만 명의 온라인 시청자들을 확보하고 있으며 슈퍼데이터에 의한 최근 보고서에 따르면 38억 달러의 수익기회가 보장된다. 예약 주문형 비디오(Subscription Video on Demand)인 Viaplay Nordic, 주문형 TV(On-demand TV)광고 비디오를 포함한 MTG의 디지털 포트폴리오도 Zoomin.TV에 영향을 미칠 것으로 보인다.

현재 Zoomin.TV는 본사가 위치한 네덜란드를 중심으로 프랑스, 스페인, 영국, 이탈리아, 독일, 벨기에, 브라질, 미국, 우루과이, 인도, 일본, 멕시코, 콜롬비아 등에 해외 지사를 설립하여 마케팅 프로모션 및 사업을 확장하고 있으며, 프리롤(pre-roll)또는 인스트림(In-stream)비디오 등의 광고 포맷을 바탕으로 동영상 광고의 선두 주자임을 내세워 광고를 원하는 다양한 브랜드들과 제휴를 맺고 있다.

최근 야후로부터 비즈니스의 글로벌 헤드로서 Aric Austin을 미디어 분야 고위 간부로 영입하는 등 비즈니스 분야에서 크게 2가지 핵심 전략을 세우며 해외 마케팅에 집중하고 있다. 전 세계 퍼블리셔(publishers)에 Zoomin.TV의 전문 동영상 콘텐츠의 지속적인 분포를 시도하며, 광범위한 영향력을 가진 유튜브의 네트워크를 통해 프리미엄 네이티브 광고 기회 개발에 힘쓸 것으로 예상된다.

아) Splay Networks(스웨덴)

Splay Networks

그림 56 Splay Networks 로고

Splay Networks는 스웨덴에 본사를 둔 스칸디나비아반도 최대의 MCN기업으로 600여개가 넘는 프리미엄 채널을 갖추고 있다. 스웨덴의 미디어 기업인 MTG가 지분의 81%를 투자한 상황이다. 현재 유튜브, 인스타그램, 페이스북, 트위터, 스냅챗 등 유명 소셜 미디어에서 활동하고 있는 크리에이터가 1,000명이 넘는다. 코카콜라, P&G, 맥도날드, 로레알 등 다양한 다국적 기업을 클라이언트로 두고 있으며, 매월 2억 명 이상이 영상을 시청하고 있다.

2016년 3월 기준 유튜브를 통한 구독자는 2100만 명이며 순 방문자(unique user)는 매주 1100만 명 정도이다. 유튜브, 인스타그램, 페이스북, 트위터, 스냅챗 등 유명 소셜 미디어에서 활동하고 있는 1인 제작자들은 인플루언서(influencers)라고 부르며, 1000여 명 정도가 소속되어 있다. 현재까지 동영상 조회 수는 총 33억 회이며 월평균 2억 명 이상이 영상을 시청한 것으로 집계된다. 유튜브를 통한 주 이용자는 남성 47%, 여성 53%이며 18~24세의 연령이 가장 많이 이용하는 것으로 나타났다.

Splay Networks는 GO snap이라는 마케팅 플랫폼을 보유하고 있는데 기업은 이를 활용하여 5단계의 간단한 방법으로 인플루언서 마케팅을 만든다. 이를 인플루언서에게 메시지 형태로 보여주게 되고 기업과 인플루언서는 GOsnap을 통해 쉽게 서로를 연결하고 다양한 마케팅 활동을 할 수 있게 된다. Spaly Networks는 이러한 방식들을 통해 2014년에는 6배, 2015년에는 두 배 이상의 영업 이익을 취했다.

그림 57 Splay Networks 소속 크리에이터 방송 장면

장르	influencer ID	주요내용	구독자 및 조회 수
Entertainment	Normel TV	러시아 마피아로 연출하는 등 테마를 정해 일반인들의 반응을 살펴보는 몰래 카메라	384,441명 46,954,903회
Games	DualDGaming	Marabou Chklandhus, SKYWARS 등 다양한 게임 콘텐츠들을 방송	156,283명 85,212,008회
People	Keyyo	토크, 춤, 1인 2역 역할극 등 매일 다양한 주제를 엽기 발랄하게 토크로 풀어내는 방식	277,739명 41,627,100회

표 12 유튜브 내 Splay Networks의 Top3 Influencers

향후 Splay Networks는 MTG가 인수한 e스포츠 관련 ESL, Viagame으로 인해 Splay의 게임 채널이 더욱 성장할 것으로 기대된다.

자) Studio 71(독일)

그림 58 Studio71 로고

Studio71은 2013년 8월 독일 베를린에 설립된 MCN으로 2015년 이후 독일 최대 규모의 MCN으로 급부상하였다. 2016년 3월 기준 유튜브 플랫폼을 통해 총 1160여 명의 구독자를 확보하고 있으며 월평균 35억 회의 조회 수를 기록하고 있다.

독일 최대 미디어 기업인 ProSiebenSat.1가 2015년 7월 미국의 MCN 기업인 Collective Digital Studio(이하 CDS)의 지분 75%가량을 8300백만 달러에 인수하면서 독일의 Studio71과 합병해 2016년 1월 studio71로 명칭을 변경하였다. 이미 900개가 넘는 채널을 보유하고 있는 CDS는 월평균 17억 상당의 동영상 조회 수를 기록하는 MCN이었던 만큼 인수 이후 2억 4,000만 달러의 투자가치가 발생할 것으로 전망된다. 현재 미국, 영국, 캐나다, 독일, 오스트리아에 해외 지사를 두고 있다.

장르	creator	월 평균 소득	연 평균 소득	구독자 및 조회 수
People	Family Fun	$139,000 ~$2,200,000	$1,700,000 ~$26,700,000	1,953,464명 4,046,506,904회
Comedy	Just For Laughs Gags	$17,800 ~$285,000	$213,700 ~$34,000,000	5,228,314명 2,340,169,461회
Music	boyceavenue	$13,400 ~ $215,200	$161,400 ~$2,600,000	8,099,407명 2,474,479,331회

표 13 유튜브 내 studio71의 Top3 크리에이터 소득

네트워크 파트너들 간의 직접적 협력뿐 아니라 "The Mansion", "Let's Play Poker", "Last Man Standing" 등과 같은 이벤트 영상 제작에서 통합된 파트너십 발휘를 추구한다.

현재 6,000여 명의 크리에이터들과 제휴를 체결한 상태이며 크로스 프로모션을 통해 TV와 온라인 모두에서 인정받는 전략을 추구하고 있다. 이를 위해 'Studio 71 Bootcamp'와 같은 크로스 프로모션과 더불어 전문적 영상 제작 및 높은 조회 수를 위한 분석도구, 음악 데이터베이스 등을 제공한다. 크리에이터들을 위한 개별 채널 전략 개발 및 TV와 온라인 분야 광고주들을 위해 SevenOne 미디어와 제휴를 맺기도 했다.

그림 59 Studio 71 Bootcamp 홍보 화면

2) 국내

국내외 미디어 기업들은 차세대 콘텐츠 제작, 유통 플랫폼으로 MCN사업을 주목하고 있다. 아직 시장 초기 단계여서 수익이 크지 않지만 미래 성장을 위해 차별화된 콘텐츠와 차세대 시청자, 유통 통로를 선점하기 위해 치열하게 경쟁 중이다. 해외에서는 MCN에 대한 M&A, 지분 투자가 활성화 되고 있으며, 국내에서도 많은 대기업, 스타트업이 MCN 사업을 추진하고 있다.

가) DIA TV

그림 60 다이아 TV

DIA TV(다이아 TV)는 대한민국의 CJ E&M에서 운영하는 크리에이터 전문 채널이다. 한국에서 최초, 그리고 대기업 중 최초로 MCN사업을 시작한 CJ E&M은 2013년 크리에이터 그룹으로 시작해 2015년 다이아 티비, 그리고 현재 아시아 최대의 MCN으로 성장하며 크리에이터가 중심이 되는 미디어 생태계를 만들고 있다.

초기에는 국내 유튜브 개인 채널 순위 1,2위인 양띵과 대도서관 등 대다수의 유명 크리에이터들과 파트너 계약을 해 사업을 확장하였으나 현재 양띵, 악어 채널은 타 MCN으로 소속을 옮겨 대표 채널의 변화가 있었다.

2017년 9월 기준 파트너 크리에이터가 1,300팀을 돌파했으며 구독자 수는 1억 1천만 명, 월간 조회 수는 15억 회에 달한다. 다이아 티비는 대도서관(게임), 데이브(엔터테인먼트), 밴쯔(푸드), 씬님(뷰티), 원밀리언(뮤직), 토이몬스터(키즈), 허팝(키즈) 등 구독자 수 100만 명 이상을 보유한 톱 크리에이터 7팀과 파트너십을 맺고 있다. 2019.3월 기준 구독자 50만 명 이상을 보유한 창작자가 100개 팀을 돌파했다. 100만이 넘는 창작자는 48팀, 50만 이상은 130개 팀, 10만 이상은 413개 팀이다.[25]

---

25) 다이아티비, 50만 이상 유튜브 크리에이터 100팀 돌파, 매경닷컴, 2019.03.26.

구독자 5만 명을 기준으로 채널 수익은 전액 크리에이터가 가져가고, 5만 명 이상 채널의 수익은 2:8로 배분하여 DIA TV에서 20%를 배분받는다. 크리에이터 그룹 내 상위 20위 팀의 2015년 1~4월 월평균 수익은 630만 원으로, 2014년 383만 원에 비해 165% 가까이 성장하였다.

다이아 티비는 파트너 크리에이터들에게 전용 스튜디오, 동영상 제작 기법, 저작권 관리, 음원, 콘텐츠 유통 노하우, 다국어 자막 서비스, 광고 및 협찬 등을 지원하고 있다. 2016년부터 지금까지 크리에이터와 팬과의 만남을 주선한 다이아 페스티벌을 개최해왔다.

크리에이터들의 영향력이 커지면서 구독자와 팬을 위한 캐릭터 상품 출시도 증가하고 있다. 예를 들어 대도서관은 팬들을 대표하는 6가지 캐릭터가 있고 이를 크라우드 펀딩 형태로 모금해 제작하는 방식이다.

허팝과 헤이지니, 럭키강이 등도 자신만의 색깔을 입힌 캐릭터를 만들고 있다. 다이아 티비와 소프가 공동 개발한 '비벼먹는 소거기 버터 장조림'은 2018년에 큰 화재가 되기도 했다.

크리에이터	장르	주요 콘텐츠 내용	구독자 및 조회수
대도서관	게임	• 아프리카 출신 BJ • 직접 다양한 게임을 플레이하며 해설을 덧붙이는 콘텐츠 • 국내 1세대이자 1위의 게임 콘텐츠 크리에이터	1,866,777명 1,189,055,804회
씬님	뷰티	• 연예인 메이크업과 영화·애니메이션 캐릭터 따라잡기, 제품 비교 리뷰(review), 메이크업 베이직 등 뷰티와 관련된 다양한 콘텐츠 생산 • 국내 뷰티 크리에이터 1위	1,621,464명 384,152,972회
쿠쿠크루	엔터테인먼트	• 12명으로 이루어진 남성팀 • 친구들끼리 에피소드를 가감 없이 제공	837,158명 457,429,439회
달려라치킨	키즈	• 건물, 음식, 캐릭터 등 모든 것을 미니어처로 제작	440,472명 181,509,099회
소프	푸드	• 요리를 전공하고 호텔에 근무한 경력의 요리 능력자 • 아프리가 TV를 통해 '인터넷 요리학원'을 표방한 '쿡방&먹방'을 진행.	1,118,607명 332,238,620회

표 14 DIA TV 대표 크리에이터 현황

,
다이아 TV는 유튜브 광고 수익 외 새로운 사업 모델 발굴을 위해 중국 최대 동영상 공유 사이트인 '유큐(youku)', 프랑스 1위 동영상 공유 사이트 '데일리모션(dailymotion)'등 해외 대표 플랫폼과 제휴 및 번역을 지원하기도 하였다.

2015년 4월에는 크리에이터가 콘텐츠 제작에만 집중할 수 있도록 파트너 관리 시스템인 '에코 시스템'을 개발하여 크리에이터 지원을 더욱 확대했다.

통계 지원	• 유뷰브 채널 운영 현황을 정기적으로 분석하여 컨설티 제공
APP관리	• 크리에이터 전용 모바일 앱(크리에이터 in me App)제작 및
스튜디오 지원	• 2014년 11월, 콘텐츠 제작 전문 인력과 시스템, 장비가 구축된 자체 스튜디오 개설(2014년 11월)
콜라보레이션 지원	• 크리에이터 간 콜라보레이션을 통한 양질의 콘텐츠 제작 지원
법적 지원	• 저작권 분쟁 발생 시 문제 해결을 위한 법적 지원
음원 지원	• CJ E&M이 보유한 140만 곡의 음원 무료 제공
광고 지원	• 광고주가 직접 등록한 캠페인 정보 제공 및 참여 신청 • 자사 광고 전문 인력과 협업하여 광고 콘텐츠 기획 및 제작 지원

표 15 DIA 에코 시스템 지원 서비스

DIA 티비는 크리에이터가 자체 사업을 할 수 있도록 법인 설립을 통한 수익 모델 개발을 지원하기도 하였다. 실제로 DIA TV 구독자 수, 누적 조회 수 1위인 대도서관과 함께 'DH 미디어' 법인을 설립하여 창작 및 후배 양성에 힘쓰고 있다.

또한, 중소기업과 1인 창작자가 연계하고 상생하도록 지원하는 1인 창작자 지원 사업을 2017년부터 본격화하고 있다. 일례로 푸드 크리에이터 '밴쯔'와 CJ E&M이 공동으로 상표권을 출원한 '밴쯔 푸드'의 첫 제품 '밴쯔 덤플링(만두)'와 덤플링 팝(토핑용 만두)'을 출시한 바 있다. 식품전문 업체 티에이치앤티(TH&T)와 공동 개발했다.

향후 EJ CJ E&M은 푸드·뷰티·키즈 등 분야별 파트너 크리에이터를 활용한 제품 기획과 마케팅은 물론, 중소기업 판로확대를 지원할 계획이다.

나) 트레져헌터

그림 61 트레져헌터

트레져헌터(TREASURE HUNTER)는 2015년에 설립되었으며, 방송 프로그램 제작하고, 크리에이터를 발굴 및 지원하는 멀티채널 네트워크 회사이다. 트레져헌터를 창업한 송재룡 대표는 CJ E&M 방송 콘텐츠 부문 MCN 사업팀 팀장 출신으로 팀장 시절 신규 사업 개발 중 MCN에 주목하여 유튜브 기반 MCN 사업을 국내 최초로 도입하였다. 2013년 6월 CJ E&M에서 사업을 시작했으나 철학 차이로 2015년 1월 독립한 후 트레져헌터를 설립하였다. 26)

창업 4개월 만에 ㈜네시삼십삼분, JAFCO Investment(Asia Pacific)Ltd, 코오롱인베스트먼트, 알바트로스 인베스트먼트로부터 총 67억 원 규모의 투자를 유치했다. 이후 (주)DSC인베스트먼트, SK텔레콤으로부터 총 90억 원 규모의 신규 투자를 유치하는 등 2016년까지 받은 투자금만 총 157억 원이다. 투자 유치를 통해 국내 최초로 크리에이터 전용 스튜디오를 개설하고 '레페리'를 인수하는 등 사업을 확대하고 있다.

트레져헌터는 현재 유튜브 등에서 1200만 명의 구독자를 보유한 '양띵'을 비롯해 '악어', '김이브' 등 유명 크리에이터를 보유하고 있다. 트레져헌터에 소속된 팀은 총 150개로 적지 않지만, 1300여 개의 팀을 보유한 다이아 tv에 비하면 상대적으로 적다. 계약방식은 다이아 tv와 유사하여 기본적인 유튜브 채널 매니지먼트 계약과 광고 콘텐츠 계약을 포함하고 있는 전속계약 형태가 있다. 반면 콘텐츠 퍼블리싱 계약을 한 곳도 있는데 72초 티브가 여기에 해당한다. 72초 티브는 72초짜리 동영상을 제작해 인기를 끌고 있는 곳으로 초기 트레져헌터에서 시작해 현재는 큰 규모로 성장하고 있다.

트레져헌터가 매월 만들어내는 트래픽은 2.2억~2.3억 뷰 수준이다. 분야별로 게임이 50% 이상을 차지하고 있으며 뷰티와 키즈도 트래픽은 작지만 제품구매와 직접 연결되어 사업성은 높다.

---

26) 위키백과 트레져 헌터

트레저 헌터와 다른 MCN 과의 차이점은 생방송이다. 트레저헌터는 스튜디오에 생방송 송출 장비를 갖춰 놓아 방송국의 조정실 역할을 하는 공간까지 마련했다. 별도의 제작부까지 보유하는 등 생방송에 많은 투자를 하고 있다. 생방송은 출연하는 크리에이터와 방송 성격에 따라 트레저헌터 자체 채널이나 크리에이터 채널로 나가게 된다. 이렇게 만든 영상은 이후 크리에이터의 유튜브 채널에 다시 올라가기 때문에 수익에 보탬이 된다.

그림 62 트레저헌터 스튜디오에서 생방송하는 크리에이터

향후 트레저헌터는 국내에서의 한정적인 수익원을 극복하기 위해 중국과 동남아를 중심으로 글로벌 진출 계획을 세우고 있다. 특히 중국시장을 중요하게 보고 있는데 언어장벽을 단순히 자막으로만 처리하지 않고 크리에이터가 능숙하게 중국어를 할 수 있는 수준까지 염두에 두고 있다. 이에 따라 크리에이터에게 중국어 교육을 별도로 제공하고 있으며 현재 제공하고 있는 다른 교육 프로그램과 비교하여 가장 많은 투자를 하고 있다고 한다. 2017년에는 홍콩계 펀드로부터 약 11억 원 규모의 투자유치에 성공했고 홍콩을 거점으로 신산업 법인을 설립한다고 발표했다.

다) 샌드박스 네트워크

그림 63 샌드박스 로고

샌드박스 네트워크는 크리에이터를 연결하고 디지털 콘텐츠를 창조하는 디지털 엔터테인먼트 회사이다. 이필성 대표와 게임크리에이터 도티가 힘을 합쳐 만든 샌드박스 네트워크와 파트너십을 맺고 있는 크리에이터 수는 130여 명이다. 다른 대형 MCN회사에 비해 규모는 작지만 크리에이터들에게는 기본기를 다질 수 있는 시스템을 갖추어 크리에이터들의 등용문이라 불린다.

샌드박스 네트워크가 크리에이터를 확보하는 방식은 크게 두 가지로 나뉘는데 크리에이터가 먼저 샌드박스 네트워크에 지원을 하거나 눈에 띄는 크리에이터에게 먼저 영업을 제안하는 방식이다. 어느 통로를 이용하든 파트너십을 맺기 위해선 파트너십 팀 내부 평가를 거쳐야 한다.

실제 인기 크리에이터로 거듭난 장쀼쭈가 대표적인 예인데, 유튜브에 올라온 더빙 영상을 본 파트너십 팀에서 영입을 제안했다. 유튜브에 올렸던 영상이 5개밖에 되지 않았음에도 창의력과 개성을 보고 영입한 경우다.

샌드박스는 크리에이터들에게 3단계에 걸친 맞춤형 교육을 제공한다. 첫 단계로 크리에이터 콘텐츠의 전반적 컨셉과 제작 스케줄을 점검하고, 기획서 작성을 도와준다. 그이후에는 세련된 영상을 만드는 기술적인 부분과 콘텐츠에 수익모델을 붙이기 위한 시리즈 연재 방향 등을 알려준다. 마지막으로 교육받은 내용을 곧바로 자신의 콘텐츠에 적용해보고 계속해서 피드백을 받게 된다.

창작자에게 유튜브 수익 전액을 지급하고 수익성 자사 캐릭터 제품을 생산한다. 향후에도 샌드박스 네트워크는 MCN 업체 가운데 유일하게 크리에이터가 주축이 될 수 있도록 양질의 커리큘럼을 제작할 예정이다. 그 일례로 2020년 5월 31일에 KB국민은행과 크리에이터들을 위한 자산관리 서비스 업무협약을 체결했다. 협약 내용은 크리에이터의 라이프 스타일(Life Style)에 최적화된 맞춤형 금융·비금융 서비스 라인업을 구축하고 실제 이용 사례를 분석한 뒤 지속적으로 콘텐츠를 개발 및 개선하는 신상품을 개발하는 것이다.[27]

라) 비디오 빌리지

그림 64 비디오 빌리지

비디오 빌리지는 스타트업으로는 최초로 MCN 사업을 시작한 회사로, 2014년 설립되었다. 1인 미디어 제작자들의 네트워크를 기반으로 한 사업을 진행 중이며, 크리에이터 사이에서 크리에이터로서의 역량을 발휘할 수 있는 원동력이자 지원군으로서 신뢰를 얻고 있다.

비디오 빌리지는 콘텐츠 제작에 필요한 특강 및 플랫폼 운영 교육 등을 진행하고 있으며, 스튜디오, 영상장비 등을 대여하는 사업도 펼치고 있다. 더 나아가 크리에이터들이 생산하는 콘텐츠를 페이스북, 유튜브, 카카오스토리, 인스타그램 등 다양한 채널에 보급하는 역할도 수행하고 있다.

2014년 10월 설립 당시 크리에이터는 한 명에 불과했으나 현재는 60팀이 활동하고 있으며 월간 조회 수는 1억 3000만 회에 달하고 있다. '공대생 변승주', '햄튜브', '공대생네 가족'' 등 페이스북 동영상으로 유명해진 크리에이터가 많이 포진해있다.

2019년 COLOPL NEXT로부터 시리즈A 규모의 투자를 유치했다. 현재 홈페이지 기준으로 약 40팀의 크리에이터가 소속되어 있으며 현재 대표 크리에이터로는 공대생 변승주, 재열 ASMR, 공대생네 가족, 햄튜브, 김무비 등이 있다. 2019 KMCA 어워드에서 올해의 MCN사 수상을 했고, 자체 채널 중 하나인 스튜디오V가 BCWW 2019 뉴미디어콘텐츠 시상식에서 대상을 수상했다.[28]

2020년에는 SBS 모비딕과 디지털 콘텐츠 IP 경쟁력 강화를 위해 MOU를 체결하고, OSSC 유튜브 채널을 운영하고 있는 디지털 콘텐츠 제작사 하이파크엔터프라이즈에도 지분 투자를 하는 등 사업 분야를 넓혀 나가고 있다.

MCN 최초로 지상파와 공동 제작 프로그램도 만들었다. `지구인 얀키`는 SBS와 비디

27) 샌드박스 네트워크, 나무위키,
28) 비디오빌리지, 나무위키,

오빌리지가 공동 제작한 프로그램이다. SBS에 편성됐다. 비디오빌리지 콘텐츠는 중국 LeTV에도 방영되고 있다. 비디오빌리지는 10~19세 여성을 타깃으로 하는 '걸스빌리지'와 10대 남성을 타깃으로 하는 '보이즈빌리지' 등 6개 채널을 갖고 있다. 총 31개 프로그램이 있다. 611개 자체 제작 콘텐츠가 있다. 전체 조회수는 5246만에 달한다.

향후 비디오빌리지의 단기적인 목표는 '걸스빌리지', '보이스빌리지' 등 비디오빌리지의 오리지널 채널이 새로운 콘텐츠로 브랜드 색깔을 찾는 것이고 장기적으로는 비디오빌리지뿐만 아니라 또 다른 빌리지를 만드는 것을 목표로 한다고 밝혔다.

마) 미디어 자몽

zam✳ng

그림 65 미디어 자몽

미디어 자몽은 1인 미디어와 연계된 전문 비즈니스를 제공하는 회사로 2013년 7월 설립되었다. 현재 1인 미디어와 관련된 모든 서비스를 제공하고 있으며 팟캐스트와 영상 콘텐츠를 제작하고 기업과 개인 방송 콘텐츠 제작 및 마케팅 서비스를 제공하고 있다. 구체적으로 스튜디오 렌탈, 방송 제작 컨설팅, 촬영 편집 서비스 등을 제공하고 있다.

2015년 8월에 MCN 전문 매체 '자몽(zamong)'으로 사업모델을 전환하며 서비스 확산에 주력하고 있고, 여기에 마케팅을 더해 현재 가파른 성장 속도를 보이고 있다. 미디어자몽은 '스스로 꿈을 실현하자(自夢)'는 뜻으로 한 번쯤은 방송출연을 꿈꾸본 사업자나 개인이 방송을 통해 제품과 기업을 홍보하거나 브랜딩 할 수 있도록 도와주고 있다.

특히 예능이나 토크쇼 등 다양한 방송을 기획해 고객의 인지도를 높이고, 수익을 창출하면서 고객사의 동반 성장을 목표로 하고 있다. 실제로 청림출판사는 미디어자몽과 함께 임신, 육아, 출산 전문 방송 '맘맘맘' 프로그램을 방영해 관련 서적이 스테디셀러 2위를 기록하기도 했고, 현직마케터를 모아 '마케팅 어벤저스'방송을 진행해 그들에게 동기부여를 해주고 실제로 창업까지 도전하는 발판을 마련해줬다.

최근 미국에서 개최된 '비드콘 2017'에서 크리에이터들을 위한 크라우드 펀딩 플랫폼 '자몽 콘텐츠펀딩'을 통해 팬들의 후원을 받아 크리에이터들이 지속적인 창작 활동을 할 수 있도록 장려하는 기회를 마련하기도 했다.

이같이 그동안 스튜디오, 미디어, 방송 플랫폼 등으로 국내 1인 미디어 산업 발전에 힘써온 미디어자몽은 오리지널 콘텐츠를 직접 제작해 사업 기반을 확대한다는 계획도 가지고 있다. 2017년 CGV 용산 아이파크몰점 오픈스튜디오 런칭하고 오리지널 팟캐스트 방송을 제작하기도 하고, 자체 방송 플랫폼 '몽팟'을 통해 다양한 방송을 제작하

기도 하였다.

한편, 1인 미디어와 디지털 콘텐츠의 접점을 잇는 하이퀄리티의 스튜디오형 라이브 방송과 롯데, 잡코리아, 방위사업청 등 기업들의 브랜드캐스트를 제작하며 쌓아온 노하우를 바탕으로 제작된 미디어자몽의 영상 오리지널 콘텐츠들도 가시적인 성과를 보이고 있다. 또한 2017년 7월에는 'ADBC TV', '탁PD의 여행수다', '김프로쇼', '서울대는 어떻게 공부하는가' 등 인기 크리에이터의 공개방송을 라이브 동시 송출을 하기도 했다.

2017년 3월 첫 선을 보인 인기 푸드 블로거의 레시피 방송 '핀쿡'은 5개월 만에 구독자 수 4천 7백 이상을 돌파하며 뜨거운 관심을 받고 있다. 또한 JYP 연습생 출신 맹지나가 진행하는 '맹지나의 공항 가는 길'을 선보이는 등 푸드, 여행 분야의 콘텐츠 제작에 힘쓰고 있다. 향후 영화, 뷰티 등 다양한 분야로 확장할 계획이다.

그림 66 미디어자몽 오리지널 콘텐츠 제작 현장

바) 루키스트 엔터테인먼트

그림 67 루키스트 엔터테인먼트

루키스트 엔터테인먼트는 15여 개의 페이스북 페이지와 10여 개의 카카오 스토리 채널을 운영 중에 있으며, 약 600만 명의 팬을 보유하고 있다. 또한 캐논, 현대차, G마켓 등 수십여개의 광고주들과 100여개의 광고대행사와의 네트워크, 루키스트 자체 동영상 플랫폼을 통하여 1인 콘텐츠 창작자들이 의미 있는 수익을 창출할 수 있도록 한다.

특별히 Facebook 상에서 상당한 영향력을 가지고 있으며, 크리에이터들의 영상을 회사 소유의 강력한 채널들에 업로드하면서 마케팅을 진행하고 있다. 인지도가 쌓이고 반응이 좋은 크리에이터들은 루키스트 명예의전당, 관련 페이지에 게시가 되어 홍보할 수 있다. 또 다른 페이지로 패션갤러리, 음식갤러리, 여행갤러리 등 자신이 직접 입고, 먹고, 놀러 간 사진들을 자유롭게 올려 반응이 좋은 게시물은 관련 페이지에 올라가게 된다.

자체적으로 개발한 소셜라이트는 61명 인플루언서와 22개의 카테고리, 16개 채널을 보유하고 있어 총 5,000만 구독자가 있는 것으로 파악된다.

SOCIALITE만의 Speciality

그림 68 루키스트 엔터테인먼트 자체 플랫폼 소셜라이트

2018년 자체 서비스 중인 광고플랫폼 '소셜라이트'와 연계하여 '루키코인'을 상용화할 예정이다. 루키코인은 웨이브 기반 플랫폼의 암호 화폐이며 광고주가 인플루언서에게 광고캠페인 진행완료 후 지급받는 금액을 루키코인으로 변환해주는 일종의 리워드기반 암호 화폐이다. 소셜 라이트로 이미 메조미디어, 나스 미디어 등 국내 유명렙사 및 광고대행사 계약을 통해 수백 개의 광고캠페인의 레퍼런스와 풍부한 데이터를 보유하고 있다.

사) 레페리 뷰티 엔터테인먼트

Leferi Beauty Entertainment

그림 69 레페리 뷰티 엔터테인먼트 로고

2013년 설립된 레페리는 뷰티 관련 O2O서비스를 하는 스타트업으로, 아시아 최대 뷰티/패션 크리에이터그룹을 지향한다. 오디션을 통해 크리에이터 연습생을 뽑아 동영상 제작방법을 가르치고 멘토링해준다. 2017년 9월 기준 146팀이 넘는 뷰티 크리에이터와 글로벌 구독자 수 300만 명을 확보하며 대표적인 MCN으로 성장하고 있다. 뷰티전문 MCN답게 창작자와 뷰티 브랜드 간 협업 프로제트를 주 수익원으로 고도화했다. 그 결과 국내 대형 광고대행사들을 제치고 아모레퍼시픽 그룹 브랜드의 연간 크리에이터 마케팅을 수주하는 등 성과를 내고 있다.

2014년 8월부터 레페리는 잠재력 있는 예비 크리에이터를 대상으로 자체 육성 아카데미를 시작하여 크리에이터들이 직접 촬영, 편집, 기획 등을 할 수 있게 도와주고 있다. 현재 레페리의 대표적인 크리에이터에는 다또아, 밤비걸, 예니 등이 있다. 특히 다또아는 뷰티 크리에이터이자 레페리의 기획 이사로 활동하고 있다. 다또아는 밤비걸과 함께 중국의 대표적인 동영상 플랫폼 유오쿠(Youku)와 콘텐츠 독점 계약을 체결하여 중국에서 K뷰티를 알리는 역할을 하고 있다.

2016년에는 한국 케이벤처 그룹과 중국 투자사 DT캐피탈, 화장품 유통사 릴리앤뷰티(Lily&Beauty)로부터 25억 원의 전략적 투자를 유치한 바 있다. 투자를 통해 케이벤처그룹은 카카오서비스 연계 지원을, DT캐피탈은 중국 현지 파트너십 보조를, 릴리앤뷰티는 중국 현지 화장품 유통 및 물류 지원한다.

레페리는 17일 2020년 당해 매출 약 200억원을 기록했다고 밝혔다. 2018년 기준 매출액 109억원, 영업이익 14억원에 이어 안정적인 수익 창출을 이어가고 있어 018년 업계 최초 흑자 전환 이후 연속 흑자를 기록하며 나홀로 성장을 거듭하고 있다. 29)

최근에는 유튜브와 인스타그램 등의 뷰티 인플루언서 매니지먼트와 디지털 마케팅 사업에 이어 '소셜마켓'사업에 본격적으로 시동을 걸고 있다. '소셜마켓'이란 SNS의 인

---

29) '뷰티'만 팠더니⋯레페리, 2년 연속 MCN 업계 유일 흑자 행진. 아주경제. 2020-03-17

플루언서들이 자신들의 채널에서 단순히 영상과 사진으로 뷰티 정보를 나누고 구독자들과 소통할 뿐만 아니라, 직접 화장품을 소싱하여 구독자들에게 상품을 판매하고 CS까지 책임지는 새로운 개념의 소셜커머스이다. 특히 구매결제를 일반 대형 커머스 플랫폼이 아니라 결제 창 단위로 SNS에서 일련의 과정을 모두 마치는 것이 특징이다.

레페리는 국내 최초로 체계적인 기업형 솔루션을 브랜드와 인플루언서에게 제공하기 시작해 2016년부터 중국 현지에 진출하여 왕홍을 활용한 중국 소셜 마켓 사업을 추진하며 얻은 노하우와 시스템을 오히려 한국으로 역적용하고 있다. 레페리는 브랜드 이미지에 맞는 인플루언서 매칭, 판매기획, 주문결제 인프라, 배송, CS관리까지 체계적으로 솔루션을 갖추어 브랜드를 유치하고 있다. 그 결과, 아모레퍼시픽 그룹의 이니스프리, 아리따움, 한율, VB, 에뛰드하우스 등을 비롯해 코웨이의 리앤케이 등 대형 메이저 브랜드들이 레페리를 통해 소셜마켓에 적극 진출하고 있다.

레페리는 향후 소비자들이 인플루언서에게 구매 정보를 얻는데 그치지 않고 그를 통해 화장품을 직접 구매한 뒤, 지속적으로 해당 제품에 대한사용법과 의견을 나누며 커뮤니티를 형성할 수 있도록 하는 것을 목표로 계속해서 해당 시장을 키워나갈 계획이다.

그림 70 레페리 '소셜마켓' 뷰티 콘텐츠

그림 71 레페리의 소속 대표 뷰티 크리에이터

아) 채널 좀비왕

그림 72 채널 좀비왕

채널 좀비왕은 2008년 만들어진 네이버 게임 카페 에펨씨(현재 게임웹)의 매니저가
나와 2013년 설립한 MCN사업체이다. 창작자를 영입해 기존에 가지고 있던 위상보다
조금 더 높은 위치까지 당도할 수 있도록 관리하고 크리에이터를 모아 특정 게임이나
상품에 대한 광고 등으로 부가 수익을 내는 2가지 사업 영역을 가지고 있다.

채널 좀비왕은 내부 조직 구성 콘셉트를 노예 제도로 잡아 네 개의 계층으로 나누어
콘텐츠 제작자들을 관리한다. 성실함을 중요시하는 회사방침과도 관련이 있는데 먼저
가장 하위 계층인 'Cripple'단계는 인턴 과정에 있는 창작자들을 말한다. 이사진들은
인턴 창작자들의 8주간의 연재물을 보고 성실성과 사회성을 체크한다. 성실성은 꾸준
히 창작물을 게시하는지를 통해 확인하고, 사회성은 카카오톡 단체방을 만들어 단체
생활 속에서의 언행 등을 보며 채널 좀비왕에 어울릴 수 있는 사람인지를 확인한다.

Cripple단계를 통과하면 정식으로 채널 좀비왕의 크리에이터가 될 수 있다. 물론 그
외에도 꾸준히 채널 좀비왕 내 커뮤니티에서 창작물을 올린다면, 눈여겨보고 직접 선
택해 영입하는 경우도 있지만 앞서 말한 과정은 공통으로 거쳐야 하는 절차다. 이 외
에 중요한 조건이 있는데 채널 좀비왕만의 세계관인 '플루토니움'을 공유할 수 있어야
한다. 이를 통해 크리에이터간 시너지를 발휘할 수 있고, 다양한 형태의 콜라보레이션
도 진행할 수 있기 때문이다.

현재 채널 좀비왕 소속 크리에이터들의 활동 분야는 영상, 웹툰, 게임, 음악, 공예, 아
트 등 다양하다. 가장 인기 있는 콘텐츠로는 주로 게임이다. 사이트를 보면 '오버워
치', '배틀그라운드'와 같은 인기 게임들을 인기 스트리머들이 코믹하게 풀어낸 동영
상과 공감을 얻을 수 있는 4컷 만화 등이 조회수가 높다. 페이스북 외에도 CJ&M
DIA TV, 네이버 TV, 네이버 포스트 등 다양한 노출공간을 확보해 놓기도 했다.

채널 좀비왕은 크리에이터들의 창작물을 쉽게 매매할 수 있도록 공간을 마련해주고,

이 과정에서 약간의 수수료를 얻는다. 아직 시스템 개발이 완료된 상태가 아니어서 네이버 만화나 레진코믹스, 유튜브 등의 플랫폼에 콘텐츠를 유통해 수익을 벌어들이고 있지만, 개발이 끝나면 채널 좀비왕의 플랫폼에서 활발한 콘텐츠 거래가 이뤄질 것으로 예상된다.

이는 향후 채널 좀비왕 정식 멤버들의 콘텐츠를 판매하는 B2C모델도 함께 운영할 예정이며, 이미 유튜브 구독자 약 70만 명, 페이스북 팔로워 수 20만 명 이상을 확보한 상태이다.

그림 73 유튜브 채널 좀비왕 채널

자) 난쟁이팩트

난쟁이팩트는 페이스북에서 100만 팔로워를 보유하여 유명세를 떨치고 있는 이성현, 미디어컨텐츠 프로모터로 주목 받고 있는 유성현, 유튜브 스타 망가녀, 차진형 등 8명의 크리에이터가 각각의 전문성과 개성을 가지고 의기투합해 만든 MCN 법인 사업체이다.

난쟁이팩트는 기존 MCN 운영방식을 고수하지 않고 크리에이터 영입은 최소한으로 진행하되 브랜디드 컨텐츠 세일즈와 머천다이저 상품 제작 등의 분야는 전문기업과 파트너십을 통해 크리에이터들 역량을 높이는 것을 목표로 한다. 크리에이터 출신들로 구성된 회사라는 점을 강점으로 세워 크리에이터들이 스스로 만들어가는 운영방식을 고수하겠다는 것이다.

2017년 상반기에는 인디게임 회사‘마라톤 게임즈’와 함께 난쟁이팩트 소속 크리에이터들의 캐릭터로 게임을 제작한 바 있다. 또한 자체적인 MD상품 제작의 본격화를 위해 펀딩 및 투자를 유치 중에 있으며 MCN시장에 걸맞은 크리에이터 발굴과 스카우트 여부를 진행하고 있다.

VII. 결론

7. 결론

현재 국내 1인 미디어 시장규모는 약 2000억 원 가량 추정되며 2023년까지 8조원 규모까지 성장할 것으로 예상된다. 한 전문가는 미디어 분야에서 가까운 미래에 꼬리가 몸통을 흔든다는 뜻의 웩더독 (Wag the dog)현상이 나타날 것이라고 했다. 1인 미디어가 주류매체보다 인기를 끌 것이라는 뜻이다.[30]

미디어 환경 변화와 더불어 자연스럽게 콘텐츠 소비 패턴도 변화하고 있다. 모바일 미디어 이용시간이 증가하면서, 기존 방송 콘텐츠보다는 좀 더 가볍고 개성 있는 콘텐츠를 추구한다. 방송은 가능한 다양한 시청자들의 기호를 충족할 수 있는 대중적인 콘텐츠를 생산해 내는 경향이 있다. 하지만 모바일 시대의 이용자들은 자신의 취향과 욕구에 부응하는 개성 있는 콘텐츠를 선호한다. 따라서 콘텐츠 이용 욕구의 변화에 따라 자연스럽게 크리에이터 콘텐츠로 이용자들이 이동하고 있다.

이로 인해 1인 미디어를 제작하는 창작자 크리에이터도 하나의 직업이 되고, 이들이 등장하는 유튜브·아프리카TV·카카오TV·팟캐스트·다이아TV 등은 하나의 문화산업이 됐다. 2018년 주요 MCN 사업자 매출은 전년대비 상승했다. 샌드박스 네트워크는 280억 원을 달성했고 레페리도 109억 원으로 전년 45억 원에 비해 142%나 치솟았다. 캐리소프트의 매출액은 100억 원으로 전년 64억 원 대비 56% 증가했다.[31]

2018년에는 크리에이터들이 방송에 출연하여 엔터테인먼트 화를 이루었다. '랜선라이프'에서 대도서관, 윰댕, 벤쯔, 씬님 등 메이저 크리에이터들이 등장하여 그들의 일상을 다루는 방송을 했다. 또한 여러 방송에서도 크리에이터의 모습을 종종 볼 수 있게 되었다. 그 결과 미디어의 경계는 모호해졌고 콘텐츠가 마케팅이 된 시대에 수백, 수십만의 구독자를 갖고 있는 크리에이터의 메이저 미디어 참여는 존재 자체만으로도 화제를 일으킬 수 있고, 크리에이터의 채널에 홍보가 된다면 더욱 큰 효과를 기대할 수 있기 때문이다.

1인 미디어는 이러한 산업 외에도 기업의 광고형태에도 영향을 주고 있다. 최근 홍보&마케팅 컨설팅 기업 함샤우트가 발행한 디지털 콘텐츠 분석 리포트인 '콘텐츠 매터스 2018'을 보면 조사 응답자의 64%가 온라인 영향력자, 즉 인플루언서의 콘텐츠를 통해 상품이나 서비스를 알게 된다고 답했다. 또 84%는 이들의 콘텐츠를 통해 알게 된 상품이나 서비스에 대해 추가적으로 정보를 찾아본 적이 있다고 응답했다. 실제 구매로까지 이어진 비율도 76%에 달했다. 무엇보다 1인 크리에이티브, 즉 인플루언

---

30) 1인 미디어, 시장을 진단하다. 비디오 플러스. 2020-01-07
31) 양적 성장하는 MCN 기업들 '흑자전환 남아', 비지니스와치, 2019.04.10.

서를 통해 노출되는 콘텐츠로 브랜드에 대한 인식이 긍정적으로 변했다는 답변이 65%로 기업에 인플루언서는 좋은 홍보 채널로 인식되고 있는 것이다.

하지만 이렇게 긍정적인 영향만 있는 것은 아니다. 시장이 급격하게 팽창하고 있는 가운데 이를 둘러싼 논쟁도 끊이지 않는다. 산업이 갑자기 생겨나고 성장한 탓에 문제가 발생했을 경우 이를 제어하고 해결할 규제가 마땅치 않은 것이다. 실제로 혐오 발언, 특정인에 대한 인신공격, 자극적인 행위 등이 그대로 노출되기도 하고 기업의 광고를 노리는 크리에이터들이 클릭률을 높이기 위해 이슈가 되는 키워드를 활용하거나 자극적인 콘텐츠를 제작하는 등 부작용도 생기고 있다.

진정한 인플루언서 즉, 크리에이터의 기본 조건은 전문성이다. 실제로 같은 조사에 따르면 응답자의 70%가 정기적으로 방문하는 블로그가 있으며 60%는 정기적으로 방문하는 페이스북 유저가 있다고 답했다. 특히 전문적인 정보 습득을 목적으로 블로그를 방문한다고 응답했다. 그들의 콘텐츠를 신뢰하는 것이다.

이에 따라 1인 크리에이터들은 좀 더 신중히 콘텐츠를 제작해야 하며 방송을 내보내는 유통 플랫폼 업체는 이를 규제하는 제재방안을 좀 더 구체적으로 만들어야 할 것이다. 1인 미디어와 MCN산업의 성장은 단순한 열풍이 아니라 시대의 자연스러운 흐름인 만큼 제 3자나 국가기관이 개입하기보다는 콘텐츠제작자가 윤리의식을 갖추고 양질의 콘텐츠를 만드는 것이 중요하다.

<참고문헌>

[1] 인터넷저널리즘에서의제의문제, 2014. 4. 15., 커뮤니케이션북스)

[2] IT동아

[3] 메이커 스튜디오 홈페이지

[4] 아프리카 TV 홈페이지

[5] statista(2016.9)

[6] 이마케터, 신한금융투자(2015.10), '1인 미디어 전성시대')

[7] PWC, 2014

[8] 카카오

[9] 조영신, 2015.08.20

[10] <1인 미디어 산업의 현황 및 전망>, DMC MEDIA

[11] eMarketer.com

[12]<국내외 MVN 산업 동향 및 기업 실태조사 보고서>, 한국전파진흥협회(2016)

[13] Zoomin.TV database, 2015

[14]:매드타임스(MADTimes)(http://www.madtimes.org)

초판 1쇄 인쇄 2018년 4월 6일
초판 1쇄 발행 2018년 4월 16일
개정판 발행 2019년 6월 29일
개정2판 발행 2021년 8월 16일

편저 ㈜비피기술거래
펴낸곳 비티타임즈
발행자번호 959406
주소 전북 전주시 서신동 832번지 4층
대표전화 063 277 3557
팩스 063 277 3558
이메일 bpj3558@naver.com
ISBN 979-11-6345-305-5(13070)
가격 66,000원

이 도서의 국립중앙도서관 출판예정도서목록(CIP)은 서지정보유통지원시스템 홈페이지
(http://seoji.nl.go.kr) 와 국가자료공동목록시스템 (http://www.nl.go.kr/kolisnet)에서 이용하실 수 있
습니다.